Lettre de motivation mode d'emploi

Florence Le Bras

Lettre de motivation mode d'emploi

• MARABOUT •

Sommaire

Introduction

Stage, petit boulot, vacation, CDD, CDI... pas d'emploi sans dossier de candidature bien construit, c'est-à-dire l'inévitable tandem «lettre de motivation-CV».

La lettre de motivation est certainement l'une des étapes les moins faciles de la recherche d'emploi. Si le CV, lui, est relativement balisé par des rubriques classiques, la lettre laisse la part belle à l'angoisse de la feuille blanche... et aux maladresses en tous genres.

Vous êtes motivé pour trouver du travail : c'est évident, puisque vous avez consulté les petites annonces, recherché les entreprises qui pourraient être intéressées par votre profil, visité des forums emploi, des salons professionnels... Oui, mais les employeurs veulent en savoir plus.

Votre CV est le reflet de votre parcours. Votre lettre, c'est la touche plus personnelle de votre démarche.

La lettre est l'élément décisif lorsque pour un même poste, des dizaines de candidats ont le même profil.

Comment attirer l'attention du recruteur en quelques lignes et lui donner le désir de vous rencontrer ?

Comment rédiger une lettre tonique mais sincère, courte mais percutante ?

Comment structurer votre texte en fonction de ses destinataires ?

Comment mettre en valeur vos atouts ?

C'est ce que cet ouvrage vous propose de découvrir et de mettre en pratique.

Le bilan de votre parcours

Les employeurs fondent leur appréciation des candidats d'après les caractéristiques du poste à pourvoir.

Concrètement, les employeurs demandent aux candidats de répondre à deux types de critères : **objectifs et subjectifs**. Un candidat à l'emploi doit donc donner aux recruteurs des éléments pour établir leur jugement et, mieux encore, pour leur prouver qu'il est **LE bon candidat pour eux**.

Comment exprimer vos qualités, vos compétences si vous n'avez pas, avant d'entreprendre votre démarche de recherche d'emploi, dressé un **bilan rigoureux de votre profil professionnel et personnel ?**

Ce bilan est d'ailleurs indispensable pour composer un CV sérieux. Investissez quelques heures dans ces recherches.

Faites un effort de sincérité. Vous avez peut-être, comme tout le monde, essuyé des échecs, commis des erreurs. Soyez honnête avec vous-même, recherchez-en les causes. **Ce bilan est personnel**, il ne concerne que vous. Il a pour but de définir vos points forts, pas de ressasser vos ennuis.

La méthode pour rédiger votre lettre

La lettre de motivation est inséparable du CV ; non seulement elle l'accompagne, mais elle le précède. Cette lettre est donc votre premier contact avec le recruteur. Le succès de votre candidature peut dépendre de cette première impression.

CONSEIL

Les étapes de la candidature

Procédez par étapes, vous serez plus efficace et plus serein si vous suivez un fil conducteur :

- dressez votre bilan,
- ciblez vos interlocuteurs,
- composez votre CV,
- rédigez votre lettre,
- suivez vos envois.

À SAVOIR

C'est le premier pas qui coûte

Vous devrez, pour votre campagne de recherche d'emploi, envoyer quelques dizaines de lettres. Mais vous n'adresserez pas à tous vos contacts la même lettre stéréotypée. Chacune de vos lettres doit être personnalisée, c'est-à-dire adaptée à l'entreprise à laquelle elle s'adresse. La première version vous demandera le plus d'efforts, mais ensuite, vous n'aurez qu'à changer un nom, une date, un paragraphe. Cette pratique vous deviendra rapidement familière.

Vous devez connaître vos atouts pour les mettre en valeur.

Prenez un peu de recul et imaginez : vous recevez une lettre soignée, agréablement présentée, dont le texte est clair ; vous êtes inconsciemment enclin à penser que son auteur est quelqu'un de rigoureux, consciencieux, appliqué... Au contraire, une lettre confuse, brouillonne, constellée de fautes, va vite vous irriter, et vous jugerez que son auteur n'a aucun respect pour vous.
La conclusion s'impose : pour être performante, une lettre de motivation doit être soignée.
Et pour être soignée, elle ne s'improvise pas en quelques minutes; elle exige de la réflexion et de l'organisation.

Le bilan préparatoire

Votre lettre est destinée à mettre en valeur les points forts de votre personnalité et de votre parcours professionnel pour inciter le recruteur à penser que vous êtes le candidat qu'il attend.
Ces atouts, encore faut-il les connaître...

Le point sur votre parcours

Un retour en arrière, une réflexion sur votre passé sont indispensables pour déterminer ce que vous pouvez offrir à un employeur. Les candidats qui clament : «Je n'ai rien fait d'extraordinaire, je n'ai pas de qualités particulières, il n'y a rien dans ma vie professionnelle et privée qui puisse intéresser un patron» sont défaitistes. Chacun de nous a des qualités, chacun de nous a vécu dans son parcours au moins une expérience positive.
Un effort d'introspection et de réflexion permet de dresser un bilan objectif utile pour rédiger son CV, pour composer sa lettre, mais aussi pour tous les choix de la vie professionnelle.

La rédaction de votre CV

Le CV est un incontournable de la recherche d'emploi. Il sert aussi de base à la rédaction de votre lettre, puisqu'il relate votre cheminement professionnel, sans oublier les centres d'intérêt privés qui reflètent aussi votre caractère.

L'organisation matérielle

Lorsque vous devez écrire une lettre importante, vous vous installez à votre bureau sans vous laisser distraire, vous préparez un ou plusieurs brouillons, et vous vous appliquez pour la retranscrire «au propre». Votre lettre de motivation ne déroge pas à cette règle.

Le temps et le lieu

Comptez une demi-heure à une heure pour la rédaction de chacune de vos lettres. Rassurez-vous ; si la première lettre vous semble être un épouvantable pensum, vous serez bien plus à l'aise avec les suivantes. Installez-vous au calme, à l'écart des conversations, de la télévision, de la radio, avec tout ce qui vous est nécessaire pour travailler.

Lorsque votre brouillon définitif sera prêt, rangez-le dans votre dossier, oubliez-le si possible pendant quelques heures avant de le relire. Vous serez plus objectif, et vous pourrez détecter plus facilement une erreur éventuelle.

Les documents à réunir

Votre CV, les notes prises pour faire votre bilan, le texte de l'annonce à laquelle vous répondez, ou la fiche que vous avez remplie sur l'entreprise à contacter *(rendez-vous page 35)* sont indispensables.

Prévoyez du papier brouillon, des feutres, du papier à lettres blanc de belle qualité, un stylo et des enveloppes.

CONSEIL

Les relais pour vous faire aider

En cas de panique, si l'angoisse de la feuille blanche est trop pénible, si votre parcours ne vous inspire vraiment pas, vous pouvez contacter :

- le service emploi de votre mairie si vous habitez dans une grande ville,
- l'ANPE qui propose aux demandeurs d'emploi inscrits plusieurs formes de prestations, destinées à aider les candidats à définir leur projet professionnel, à décrypter une petite annonce, à composer leur CV, leur lettre, etc.,
- l'APEC, si vous êtes cadre.

Les qualités d'une bonne lettre de motivation :
- efficacité,
- sobriété,
- synthèse,
- rapidité,
- personnalisation.

Le point sur vos études et votre parcours

Ce sont, pour un employeur, les critères de sélection objectifs. Ils sont relativement faciles à déterminer. En ce qui concerne les études, vous avez un diplôme, une qualification, un niveau.

À SAVOIR

Les critères objectifs

Ce sont le diplôme, ou le niveau de formation, et le nombre d'années et la qualité de l'expérience. C'est tout simple : vous les avez, ou vous ne les avez pas. Par exemple :
- Bac + 2 , ou diplômé d'une école de commerce,
- 5 années d'expérience dans ce secteur.

À SAVOIR

Les critères subjectifs

Ce sont les dispositions, les qualités souhaitées pour convenir au poste donné. L'appréciation de ces qualités est subjective et sujette à caution, parce qu'il faut les illustrer.

À SAVOIR

Le palmarès des qualités

Certaines qualités sont spécifiques à un métier donné: le publiciste doit être créatif, le vendeur persuasif, le comptable rigoureux... Mais voici le hit-parade des qualités les plus recherchées :
- le dynamisme,
- le sens des responsabilités,
- l'adaptabilité,
- la ponctualité.

Pour l'expérience professionnelle, s'il est facile d'annoncer : *«J'ai cinq ans d'expérience dans ce domaine»*, il est évidemment préférable de préciser la qualité de cette expérience, c'est-à-dire d'exposer les missions que vous avez remplies, les résultats que vous avez obtenus. Si vous écrivez dans votre lettre *«Voici quatre ans que j'anime une équipe de vente»*, votre propos est banal ; si vous ajoutez *«et j'ai multiplié le chiffre d'affaires du secteur par 3»*, vous devenez beaucoup plus intéressant.

Faites le tour d'horizon de votre parcours, notez tous les points positifs, attachez-vous surtout aux résultats que vous avez acquis, à ce que vous avez apporté de positif à l'entreprise qui vous employait.

La formation

Pour faire le bilan de vos études, interrogez votre mémoire, vos archives.

Plus votre expérience est riche, moins les diplômes ont d'importance pour un employeur, excepté ceux des grandes écoles ou les troisièmes cycles.

Votre lettre mentionnera votre formation si le niveau d'études est un des critères de l'annonce à laquelle vous répondez, si votre diplôme est prestigieux, ou s'il vous donne une immédiate efficacité.

«Titulaire d'un BTS de Tourisme, j'ai...»

«Diplômé de l'Institut d'Etudes Politiques de Paris, j'ai intégré en 1990 le service communication du Ministère de ...»

«Titulaire d'un CAP force de vente...»

Les stages font partie intégrante des études. Ils constituent pour les jeunes diplômés une première approche du monde professionnel qui a une grande valeur pour les recruteurs. Définissez bien les compétences et les savoir-faire acquis au cours de vos stages ; en fonction du poste que vous recherchez, vous les présenterez dans votre lettre.

Les langues étrangères

Savoir s'exprimer, converser, négocier en anglais est aujourd'hui essentiel dans la grande majorité des métiers. Les connaissances dans d'autres langues sont aussi appréciées. Un très bon niveau dans une langue peu courante est incontestablement un atout, car vous êtes rare sur le marché du travail.

Si le poste en vue exige un excellent niveau en langue étrangère, il est indispensable de mentionner vos connaissances dans votre CV et de le noter aussi dans votre lettre :

«Bilingue anglais, j'ai assuré l'interface avec le bureau de New York...»

La difficulté pour la plupart des candidats réside dans l'estimation du niveau de connaissances. Ceux qui pratiquent une langue au quotidien dans leur vie professionnelle connaissent leurs capacités et leurs limites. Mais un candidat qui peut parfaitement comprendre un article de journal et en faire une traduction fidèle peinera pour participer efficacement à une discussion âpre dans la même langue.

Soyez rigoureux dans votre appréciation : il est probable qu'au cours d'un entretien, l'employeur vérifiera vos connaissances. Si vous avez de toute évidence bluffé, vous serez éliminé, et si vous êtes de bonne foi, vous perdrez tout de même un peu de votre crédibilité.

L'expérience professionnelle

Elle représente pour un employeur la partie la plus intéressante de votre CV.

Mais votre lettre doit, elle aussi, mettre l'accent sur vos compétences et vos savoir-faire spécifiques.

Lorsque vous adressez votre dossier de candidature à une entreprise, votre message est : *«Je voudrais travailler pour vous.»*

La question qui vient en toute logique à l'esprit de l'employeur : *«Que me proposez-vous ?»* Votre réponse : *«Je vous propose ces compétences, cette expérience, et ces qualités personnelles...»*

Vous l'avez compris, pour intéresser un employeur, votre lettre doit exposer clairement ce que vous pouvez faire pour lui : mettre à son service tous les savoir-faire acquis dans votre parcours.

Pour établir votre CV, ce panorama de votre vie professionnelle est indispensable. Pour chaque poste, vous devez noter :

- les dates d'entrée et de sortie,
- le nom de la société, avec son activité, son chiffre d'affaires, le nombre de salariés,
- l'intitulé du poste,

CONSEIL

Vos stages

Recherchez pour chacun d'eux :

- les dates,
- l'origine (école, relations, candidature spontanée, petites annonces...),
- le nom de l'entreprise,
- le service,
- la fonction,
- l'appréciation du maître de stage,
- les compétences acquises,
- le montant des indemnités reçues,
- la rédaction d'un mémoire (thème, titre, note obtenue...).

Estimez avec lucidité votre niveau en langues étrangères.

CONSEIL

Testez votre niveau en langues étrangères

- Notions : connaissances scolaires d'une deuxième ou troisième langue que vous avez étudiée pendant trois à cinq ans.
- Elémentaire : connaissances scolaires d'une première langue que vous avez étudiée pendant sept ans.
- Courant : vous pouvez soutenir une conversation sans aucune difficulté.
- International : vous comprenez et vous faites comprendre très facilement, votre vocabulaire est riche, vos connaissances grammaticales excellentes.
- Bilingue : c'est une de vos langues maternelles.

Un conseil : si vous êtes sûr de posséder un très bon niveau, indiquez : «capable de négocier et de travailler quotidiennement en ... (anglais, allemand...)».

À SAVOIR

Le point de vos petits boulots

Vous achevez tout juste vos études. Mais vous avez «roulé votre bosse» en occupant ici et là des emplois occasionnels : distribution de prospectus, envois en nombre, accueil dans des salons, saisie informatique, classement...

Chaque expérience est à prendre en considération, car elle vous a apporté soit une compétence, soit la mise en pratique de qualités jusqu'alors peu exploitées.

Mentionnez vos petits boulots dans votre lettre si vous n'avez pas d'autre expérience à offrir.

CONSEIL

Pour faire votre bilan «jobs d'appoint», notez pour chaque emploi :

- dates,
- entreprise,
- fonction,
- compétences acquises,
- qualités mises en œuvre,
- ce que vous avez apprécié,
- ce que vous n'avez pas aimé,
- rémunération.

- la description de votre fonction,
- les résultats obtenus.

Dans votre lettre, ce sont les missions qui vous ont été confiées et les résultats positifs que vous avez obtenus qui doivent être mis en valeur, puisqu'ils constituent votre «*valeur marchande*».
La phrase «*Directeur du service financier de la société pendant cinq ans, je possède une totale maîtrise de la préparation, du suivi, de l'exécution des budgets, du contrôle et de l'analyse de la gestion de la trésorerie et des salaires, de la rédaction des déclarations fiscales et sociales*», dans une candidature spontanée, définit bien vos compétences spécifiques.
Le rôle de tout collaborateur est de participer à la progression de l'entreprise, de faire «rentrer» de l'argent, ou de limiter les dépenses de fonctionnement.
Quantifiez vos résultats, chiffrez-les le plus possible, c'est ainsi que l'employeur pourra juger votre efficacité.

Si vous indiquez, dans votre lettre :
«*A ce poste,*
j'ai réduit les pertes de 120 Ke à 50 Ke...
j'ai créé dix points de vente...
j'ai obtenu une baisse des coûts de production de 10%...
j'ai augmenté le CA de 37% en trois ans...
j'ai étendu le fichier prospects clients de 200 à 800 noms...»,
vous donnez une idée précise de vos capacités.

Le point sur votre personnalité

Une entreprise annonce qu'elle recherche un candidat dynamique, qui possède le sens de l'organisation, le sens du contact, une aptitude à motiver des équipes, etc. Toutes ces qualités sont, pour l'employeur, des critères de sélection subjectifs.

Pour être performante, votre lettre de motivation doit attester que vous possédez bien ces qualités, en les illustrant de faits précis. Pour donner de vous un portrait fidèle, définissez les caractéristiques de votre caractère, de vos aptitudes, de votre comportement.

Votre caractère

Ces traits de votre personnalité ont une importance qui est fonction du poste que vous recherchez. Par exemple, un commercial devra faire preuve d'assurance, de combativité, de dynamisme, de persévérance avant tout.
Cette liste de traits de caractère est destinée à vous aider à faire votre portrait. Mettez une croix devant chaque phrase qui vous paraît le plus conforme à votre caractère.

À SAVOIR

Qu'attend-on de vous ?
Comment définir les qualités qui seront appréciées par l'employeur auquel vous vous adressez ? Chaque métier requiert des qualités précises : on demande, par exemple, à un comptable d'être rigoureux, à un publiciste d'être créatif, à un commercial d'avoir le sens du contact, à un directeur d'être capable d'autorité...
Et à tout le monde d'être responsable, adaptable, disponible et motivé...

Quel est votre caractère ?

- Affirmation de soi
  Vous vous imposez facilement.
  Vous avez du mal à vous faire entendre.
- Agressivité
  Vous réagissez violemment à la moindre attaque.
  Vous laissez faire.
- Ambition
  Vous voulez progresser dans votre vie.
  Vous vous contentez de ce que vous avez.
- Anxiété
  Vous dominez mal vos craintes.
  Vous restez serein en toutes circonstances.
- Assurance
  Vous êtes sûr de vous.
  Vous êtes timide.

Donnez des faits précis pour illustrer les qualités que vous souhaitez mettre en avant.

À SAVOIR

Votre portrait-robot
Il est important de savoir comment les autres vous perçoivent : demandez à vos proches de donner leur appréciation sur vos traits de caractère ; assurez-vous de leur sincérité, acceptez les compliments avec modestie, mais ne boudez pas s'ils émettent des critiques !

- **Calme**
  Vous êtes d'un naturel tranquille.
  Vous ne tenez pas en place.
- **Combativité**
  Vous vous battez pour obtenir ce que vous voulez.
  Vous vous découragez vite.
- **Concentration**
  Vous pouvez être attentif.
  Vous vous dispersez facilement.
- **Discrétion**
  Vous agissez avec réserve.
  Vous aimez vous faire remarquer.
- **Dynamisme**
  Vous débordez d'énergie.
  Vous êtes nonchalant.
- **Esprit logique**
  Vous savez tirer des conclusions raisonnées des faits.
  Vous êtes souvent contradictoire.
- **Fiabilité**
  On peut compter sur vous.
  Vous tenez difficilement vos engagements.
- **Goût de l'effort**
  Vous savez vous donner du mal pour réussir.
  Vous vous laissez porter par les événements.
- **Impatience**
  Vous piaffez devant les obstacles.
  Vous savez attendre votre heure.
- **Impulsivité**
  Vous cédez vite à vos pulsions.
  Vous vous maîtrisez très bien.
- **Indépendance**
  Vous avez besoin de liberté pour vous épanouir.
  Vous appréciez d'être encadré.
- **Intuition**
  Vos pressentiments se révèlent souvent exacts.
  Vous vous trompez souvent dans vos estimations.
- **Mémoire**
  Vous retenez facilement ce qui vous intéresse.
  Vous devez toujours tout noter.
- **Méthode**
  Vous réfléchissez posément avant d'entreprendre un travail.
  Vous vous lancez dans le travail sans attendre.
- **Mobilité**
  Vous aimez bouger, changer souvent de décor.
  Vous êtes casanier et préférez travailler à votre bureau.
- **Ouverture d'esprit**
  Vous vous intéressez à tout.
  Vous vous bornez à votre environnement.
- **Perfectionnisme**
  Vous aimez le raffinement.
  Vous n'avez pas le sens du détail.
- **Persévérance**
  Vous allez jusqu'au bout de vos projets.
  Vous lâchez prise facilement.
- **Rapidité**
  Vous êtes vif.
  Vous travaillez lentement.
- **Réalisme**
  Vous avez les pieds sur terre.
  Vous êtes plutôt rêveur.
- **Résistance nerveuse**
  Vous faites face au stress sans perdre vos moyens.
  Vous êtes facilement déstabilisé.
- **Rigueur**
  Vous êtes précis dans vos idées et dans vos actes.
  Vous manquez d'exigence.
- **Sens de l'organisation**
  Vous aimez planifier votre travail.
  Vous êtes brouillon.
- **Sens pratique**
  Vous résolvez facilement les problèmes quotidiens.
  Vous êtes souvent débordé par les événements.
- **Stabilité**
  Vous avez de la suite dans les idées.
  Vous êtes toujours insatisfait.
- **Subtilité**
  Vous avez le sens des nuances.
  Vous vous attachez peu aux détails.

Vos aptitudes

Votre personnalité se compose aussi d'aptitudes, dispositions naturelles ou acquises à réaliser certaines missions spécifiques à un poste, une fonction, un rôle.

Êtes-vous apte... ?

- **à analyser :** vous savez très bien décrypter, observer, et trouver des explications logiques aux situations et aux événements.
- **à communiquer :** vous savez faire passer des messages clairs.
- **à compter :** vous jonglez bien avec les chiffres, les bilans, les ratios, les statistiques.
- **à coordonner :** vous savez gérer les équipes, organiser les tâches des uns et des autres pour obtenir des résultats cohérents.
- **à créer :** vous avez un tempérament artiste.
- **à décider :** vous savez trancher à bon escient quand c'est nécessaire.
- **à déléguer :** vous savez confier un travail et vous faire représenter.
- **à diriger :** vous êtes capable de motiver les autres pour atteindre un but commun.
- **à gérer :** la responsabilité d'un budget ne vous effraie pas.
- **à hiérarchiser les problèmes :** vous êtes capable d'analyser les situations, de reconnaître les priorités.
- **à innover :** vous avez souvent des idées originales.
- **à réaliser :** vous savez mettre en pratique, traduire les idées en actes, passer de l'abstrait au concret.
- **à rédiger :** vous aimez lire, écrire, vous êtes apte à faire passer des idées bien structurées sur le papier.
- **à synthétiser :** vous savez très bien résumer les problèmes
- **à traiter** les questions abstraites.
- **à vendre :** vous êtes enthousiaste, psychologue, persuasif.

Votre comportement

Définissez votre attitude vis-à-vis de votre entourage professionnel et privé. Certains de ces comportements peuvent représenter de véritables atouts pour le poste que vous recherchez.
Vous découvrirez sans doute en dressant ce bilan que vous en avez bien plus que vous ne le pensiez pour le poste qui vous intéresse. Vous relèverez peut-être aussi certains travers... que vous passerez sous silence : c'est pour vos points forts que vous serez engagé !

Si votre attitude est différente envers vos relations de travail et vos proches, tenez compte uniquement de votre comportement professionnel.

Quels sont vos atouts ?

- **Adaptabilité**
  Vous savez faire face aux imprévus.
  Vous supportez mal les changements.
- **Aisance**
  Vous êtes à l'aise partout et avec tout le monde.
  Vous êtes gêné quand vous sortez de votre milieu social.
- **Apparence**
  Vous prenez grand soin de votre présentation.
  Vous vous occupez peu de votre aspect physique.
- **Autorité**
  Vous vous faites naturellement respecter.
  Vous ne savez pas vous faire obéir.
- **Compétitivité**
  Vous aimez gagner.
  Vous détestez vous mesurer aux autres.
- **Diplomatie**
  Vous agissez avec tact.
  Vous ne mâchez pas vos mots.
- **Discipline**
  Vous acceptez de vous plier aux règlements.
  Vous détestez les contraintes.
- **Elocution**
  Vous vous exprimez aisément en public.
  Vous détestez prendre la parole devant un auditoire.
- **Esprit critique**
  Vous savez faire la part des choses.
  Vous avez du mal à argumenter.
- **Esprit d'équipe**
  Vous aimez travailler en étroite collaboration.
  Vous préférez travailler seul.
- **Exactitude**
  Vous êtes ponctuel partout.
  Vous êtes toujours en retard.
- **Indépendance**
  Vous appréciez la liberté d'action et de décision.
  Vous préférez être encadré, épaulé.
- **Objectivité**
  Vous savez porter des jugements sans parti pris.
  Vous vous laissez facilement influencer.
- **Rapports avec la hiérarchie**
  Vous respectez vos supérieurs et ils vous apprécient.
  Vous êtes du genre «forte tête».
- **Rapports avec vos pairs**
  Vous êtes heureux de leurs réussites.
  Vous les enviez.
- **Rapports avec vos subordonnés**
  Vous êtes apprécié, respecté, voire aimé.
  Vous avez des difficultés relationnelles.
- **Rythme de travail**
  Vous êtes un marathonien, capable d'efforts soutenus à long terme.
  Vous savez travailler dans l'urgence.
  ou
  Vous êtes un sprinter, qui travaille très bien sur un court laps de temps.
  Vous avez besoin de calme pour être efficace.
- **Sens des responsabilités**
  Vous aimez les assumer.
  Vous les redoutez et préférez suivre le mouvement.
- **Sens du dialogue**
  Vous recherchez toujours la concertation.
  Vous décidez le plus souvent seul.
- **Sociabilité**
  Vous recherchez les contacts.
  Vous vous méfiez des inconnus.

Le point sur vos handicaps

Un niveau de langues faible, des connaissances informatiques insuffisantes... Ce sont des «handicaps» relatifs et provisoires auxquels une formation complémentaire peut rapidement remédier.

D'autres traits du parcours sont moins faciles à gérer.

Les exclus des «30/45 ans»

Cinquante-cinq ans et un formidable dynamisme, vingt-cinq ans et une expérience solide... trop âgé ou trop jeune, vous n'êtes plus ou pas encore dans la tranche d'âge dorée des 30-45 ans.

Vous ne pourrez pas vous intégrer dans une équipe de jeunes, vous ne saurez pas vous imposer auprès de subordonnés bien plus âgés que vous... les arguments ne manquent pas pour écarter une candidature.

L'absence de diplômes et d'expériences

Que pouvez-vous proposer à un employeur si vous avez ni diplôme ni expérience ? Votre adaptabilité, votre disponibilité, votre volonté d'apprendre sur le terrain. Votre lettre doit faire état de vos qualités en les étayant d'exemples. Ainsi, le sens des responsabilités est une qualité toujours appréciée. Si vous complétez votre lettre en expliquant que vous avez animé une colonie de vacances, que vous vous occupez d'un centre aéré le mercredi, que vous assistez une personne âgée, vous aurez validé la qualité annoncée.

Les parcours à risque

Tout le monde n'a pas à son actif une belle évolution de carrière, des postes brillants dans des entreprises renommées, ni des réussites éblouissantes.

Les accidents de carrière sont fréquents et marquent profondément ceux qui les subissent. Ils en gardent parfois une véritable obsession et craignent que leur CV, reflet de ces périodes difficiles, ne soit impitoyablement rejeté.

Or, il n'est pas question de tricher. Il faut donc présenter les faits de façon discrète, et contourner ses handicaps.

À SAVOIR

Le point sur vos atouts

Vos diplômes, vos expériences nombreuses, riches et variées, vos résultats positifs dans vos missions professionnelles figurent à votre actif.

Ainsi, par exemple, avoir vécu dix ans au Mexique lorsqu'on postule dans une société exportant vers l'Amérique du Sud est un avantage incontestable. Parler couramment le norvégien, le japonais, langues rares sur le marché du travail, l'est aussi. Plus votre compétence ou votre expérience est atypique, plus elle valorise votre parcours et représente un atout de poids.

CONSEIL

Faites oublier votre âge

Vous avez moins de 30 ans ou plus de 45 ans :

- Vous êtes trop âgé pour le poste que vous recherchez : n'évoquez pas votre âge dans votre lettre, mais mettez bien l'accent sur l'étendue de vos compétences.
- Vous êtes trop jeune pour l'emploi que vous visez : affirmez dans votre lettre votre détermination, montrez que vous avez déjà une expérience significative qui vous permettra d'être immédiatement opérationnel.

La carrière «papillon»

Elle se caractérise par l'instabilité professionnelle : cinq entreprises en sept ans, ou trois métiers complètement différents en cinq ans, par exemple. On peut en conclure que vous avez des difficultés d'intégration, que vous ne restez pas en place, ou que vous ne supportez personne. Mais ce butinage donne au CV une image désordonnée. Il faut donc lui rendre une unité.
Dans votre lettre, insistez sur les compétences qui se rapprochent le plus de celles définies par l'employeur dans sa petite annonce ; si vous faites une candidature spontanée, évoquez votre polyvalence.

L'immobilisme

Entreprise en plein essor, collègues et supérieurs sympathiques, salaire satisfaisant, travail intéressant : autant de bonnes raisons de rester fidèle pendant quinze, vingt ans, parfois plus.
Le départ est dû en général à une restructuration des services, à un rachat de l'entreprise, ou à une évolution de carrière soudain bloquée. Qu'importe la cause, il faut réagir.
Cet immobilisme est parfois mal vu car il est synonyme de passivité ; avec l'âge, on peut craindre un esprit routinier, des difficultés d'intégration dus à un esprit «maison» dont il est difficile de se départir.
Votre lettre doit mettre l'accent sur l'aspect «expérience» de votre métier dont vous devez connaître toutes les ficelles.

L'interruption de carrière

Les femmes actives sont de plus en plus nombreuses ; certaines interrompent leur vie professionnelle pendant quelques années pour élever leurs enfants. Mais le retour au monde du travail pose parfois des problèmes.
Mettez l'accent dans votre lettre sur les stages ou les formations qui vous ont permis de vous remettre à niveau, ou sur les qualités que votre statut de mère de famille au foyer a développées.

Les «trous» dans le CV

Les périodes de chômage à répétition, les mois d'inactivité entre deux petits boulots donnent à un CV un aspect chaotique. Pour harmoniser le parcours professionnel, il est inutile de tricher sur les dates. Mieux vaut opter pour une présentation par thèmes.
Votre lettre évoquera en priorité vos compétences. Activités bénévoles, jobs occasionnels sont aussi à mettre en valeur pour prouver votre dynamisme.

À SAVOIR

Flash sur la vie associative
Qu'il s'agisse d'un club de sport, d'une amicale professionnelle, d'une association d'anciens élèves, ou d'un groupement de natifs de la même région, tout investissement personnel dans la vie associative a une signification positive : sens des responsabilités, esprit d'équipe, amour des contacts, sens de l'organisation, dynamisme, imagination...
Attention cependant aux activités qui ont une connotation politique ou religieuse très marquée ; c'est quitte ou double. Si l'employeur a les mêmes opinions que vous, il aura une opinion favorable sur votre candidature ; dans le cas contraire, l'*a priori* peut être négatif et vous causer préjudice.

Un employeur est toujours sensible aux personnalités ouvertes sur le monde et qui s'impliquent dans la vie associative.

CONSEIL

Vive la formation continue !
Pour limiter le handicap de l'interruption de carrière, rien de tel que les stages de formation suivis pendant les mois d'inactivité professionnelle : informatique, langues, droit...
Ils permettent d'être opérationnel et dénotent une profonde volonté de réussite.

Le chômage de longue durée

Les employeurs le savent bien : plusieurs mois d'inactivité, même relative, entraînent une déconnexion du monde du travail. Horaires et contraintes s'oublient facilement, tout comme, hélas, certains automatismes et savoir-faire.

L'inactivité totale ne pardonne pas ; il importe coûte que coûte de ne pas rester désœuvré, de multiplier les activités, bénévoles ou non, parallèlement à la recherche d'emploi. C'est positif pour le dossier de recherche d'emploi et pour le moral.

Dans votre CV, indiquez dans une rubrique «Autres activités» toutes ces occupations et développez dans votre lettre les qualités et les compétences qu'elles vous ont permis de mettre en œuvre. Un demandeur d'emploi qui fait des remplacements ou rend des services est bien plus estimé qu'un chômeur qui attend passivement de trouver du travail.

CONSEIL

Établissez l'ordre de vos priorités :

- rémunération élevée,
- horaires réguliers,
- contacts variés,
- possibilités de promotion,
- responsabilités importantes,
- ambiance de travail agréable,
- autonomie,
- sécurité d'emploi,
- proximité géographique.

Le point sur votre projet professionnel

Cerner vos désirs, vos préférences, vos impossibilités vous permet de définir votre projet professionnel, en fonction de votre parcours et de votre personnalité, mais aussi de vos contraintes.

Vous avez l'ambition de progresser dans votre carrière. C'est bien, mais pouvez-vous accepter ce poste attirant et prometteur qui suppose une totale disponibilité et des déplacements fréquents ? Vous aimez travailler dans le calme. Allez-vous accepter un poste où vous serez obligé de supporter une forte pression uniquement parce que l'entreprise est à cinq minutes à pied de chez vous ? Votre projet professionnel fait partie de la motivation que vous devez faire passer dans votre lettre.

Sachez dès maintenant ce que vous êtes réellement en mesure de proposer à un employeur. Quand vous en serez au stade de l'entretien, il sera sans doute difficile de faire marche arrière.

Le point sur vos prétentions de salaire

Elles sont souvent demandées par les petites annonces. Dans ce cas, vous devez les mentionner. Dans le cadre d'une candidature spontanée, abstenez-vous de parler de rémunération, il est nettement préférable que cette question soit étudiée en entretien.

L'usage veut que l'on fasse figurer la rémunération souhaitée sur la lettre de motivation ; vos prétentions découleront logiquement de votre argumentaire pour vous faire apprécier.

À SAVOIR

Pour connaître votre juste salaire

Lisez ou consultez :

- les statistiques publiées annuellement par le Point, l'Express, l'Expansion, les magazines économiques et spécialisés,
- les services Minitel : les plus onéreux sont facturés, outre 0,02 € la connexion, 0,86 € la minute ; comptez en moyenne trois minutes pour obtenir l'information.

36.15 ANPE
36.15 APEC
(emplois cadres)
36.15 FEPEM
(emplois familiaux)
36.15 FORUMEMPLOI
36.17 REMU
36.17 SALAIR
36.17 VOTRESALAIR
36.17 ABCSALAIRE
36.17 BONSALAIRE
36.15 INFOSALAIRE

- les sites Internet :

www.michaelpage.fr
www.forumemplois.com
www.cipp.ined.fr
www.curriculum.ch

Le calcul de votre rémunération actuelle

Calculez d'abord le montant de votre rémunération actuelle, ou celle que vous perceviez dans le dernier poste occupé. Attention: rémunération ne veut pas dire salaire, car vous devez inclure dans votre rémunération annuelle, selon votre fonction : salaires mensuels + primes (13e, 14e mois...) + bonus + avantages en nature (voiture, ordinateur, appartement de fonction, nourriture...) + intéressements divers.

La rémunération moyenne

Informez-vous sur les rémunérations pratiquées pour un poste similaire au vôtre, en fonction des mêmes critères :

- secteur d'activité,
- effectif,
- implantation géographique,
- votre âge,
- votre ancienneté dans ce métier.

Comparez ensuite votre salaire personnel avec le salaire moyen pratiqué.

La formulation de vos prétentions

Les montants de rémunération que vous relèverez dans la presse, sur Minitel ou sur Internet, sont des moyennes établies sur un grand nombre d'entreprises.

Vous pensez valoir plus ? Justifiez-le d'un diplôme prestigieux, de compétences rares, d'un haut potentiel. Mais soyez prudent ; si certains employeurs sont prêts à revoir le salaire proposé à la hausse pour bénéficier des services d'un très bon candidat, il existe hélas une majorité de sociétés qui n'accepteront pas de sortir d'une grille de salaires préétablie. Aussi, ne commettez pas l'erreur d'indiquer un montant élevé en imaginant qu'il sera forcément négocié à la baisse : vous risquez d'être éliminé d'office si vos prétentions sont manifestement exagérées pour votre profil. Réfléchissez bien avant de fixer cette rémunération : il ne sera pas question, en entretien, de revenir sur le chiffre proposé. En revanche, vous pourrez alors évoquer les possibilités d'évolution de carrière, et d'augmentation de salaire.

Pour formuler le montant de la rémunération annuelle que vous souhaitez, annoncez, par exemple :
- *salaire actuel : 37 000 € annuels brut*
ou
- *salaire souhaité de l'ordre de 38 500 € annuels brut*
La formule :
- *prétentions de salaire : entre 37 000 € et 38 500 € annuels brut*
n'est pas recommandée : l'employeur ne retiendra que le chiffre inférieur !

Si vous pensez que vous pouvez prétendre à une rémunération supérieure à la moyenne pratiquée dans votre secteur, évitez d'indiquer un chiffre dans votre lettre ; trop élevé, il peut dissuader un employeur de vous rencontrer. Cette question est plus facile à négocier de vive voix en entretien : vous pourrez justifier vos prétentions en faisant valoir vos atouts. Vous pouvez alors écrire dans votre lettre : *« Je pense que nous pourrons évoquer la rémunération au cours de l'entretien que vous voudrez bien m'accorder. »*

À SAVOIR

Salaire : bonus ou malus ?

Le salaire moyen donné pour un poste précis par la presse ou le net est calculé sur des milliers de postes, pour des personnes qui ont un parcours courant. Certains facteurs peuvent justifier une rémunération plus élevée, ou moins importante que la moyenne :

- Salaire à la hausse : il faut justifier d'excellents diplômes, d'un parcours sans faute, d'un bon niveau d'expérience, ou encore apporter la combinaison de talents exceptionnels (juriste brillant parlant couramment le chinois, par exemple) ou un haut potentiel : grand travailleur intelligent, motivé, doté d'un exceptionnel talent de communication écrite et orale...
- Salaire à la baisse : vous n'êtes pas en position de force si vous n'avez pas d'expérience de terrain ou si, pour un poste de cadre, vous ne parlez pas l'anglais.

Un principe : ceux qui font rentrer de l'argent dans les caisses de l'entreprise sont mieux payés que ceux qui en dépensent.

Les destinataires de votre lettre

Pour que votre candidature soit prise en compte, elle doit accrocher l'attention. **Votre CV reflète votre parcours**. C'est bien, mais ce n'est pas suffisant. Votre lettre doit, en quelques lignes, expliquer à l'employeur toutes les bonnes raisons qu'il a de s'intéresser à vous, de vous recevoir en entretien, et... de vous embaucher.

Pour viser juste, il faut donc **adapter votre lettre aux besoins de l'entreprise**. La suite logique s'impose : pour bien cibler votre texte, vous devez cibler les entreprises auxquelles vous vous adressez, en fonction de votre profil, et **connaître leurs besoins**.

Les petites annonces

Elles constituent le marché ouvert de l'emploi. Publiées soit par les entreprises, soit par les cabinets de recrutement pour le compte de leurs clients, elles présentent l'incontestable avantage de définir à la fois les profils recherchés, et les conditions offertes aux candidats. Employeur et candidat se trouvent sur le même terrain, celui de l'échange. L'un offre un poste, l'autre propose des compétences.

Le travail du candidat en est, en principe, simplifié. Encore faut-il bien choisir les annonces auxquelles il est judicieux de répondre, décrypter le texte, mettre en parallèle les demandes de l'entreprise et votre propre profil. Pour bien cibler votre recherche *via* les PA, procédez par étapes.

À SAVOIR

Les supports des petites annonces

- Les quotidiens nationaux et régionaux (le Figaro, Libération, Les Échos, le Parisien...) : soyez matinal, achetez-les tôt le matin pour avoir le temps de répondre dans la matinée, d'envoyer votre CV pour qu'il arrive le lendemain sur le bureau du recruteur
- Les hebdomadaires grand public ou économiques (Express, Nouvel Observateur, l'Expansion, le Nouvel Économiste...), les revues spécialisées emploi (le Marché du travail, Vive l'Emploi, Carrières et Emploi...) et les revues professionnelles (l'Hôtellerie, l'Usine Nouvelle, le Moniteur...) : achetez-les dès le jour de leur parution.
- L'ANPE : les annonces sont renouvelées en moyenne deux fois par semaine ; consultez votre agence, 36 14 ANPE ou www.anpe.fr.

Le choix des supports

De très nombreuses offres d'emploi figurent dans la presse d'information générale, mais repérez aussi les supports de la presse professionnelle ou technique qui concernent plus particulièrement votre secteur d'activité.
Par exemple : chef comptable, vous achèterez régulièrement le Figaro, Libération, les Echos, l'Express, le Point, le Nouvel Observateur, Entreprises et Carrières, Les petites Affiches, Mon entreprise...

Le choix des rubriques

Dans la presse, les petites annonces sont classées dans des rubriques. Selon le titre du journal ou du magazine, un même poste peut se trouver sous des rubriques différentes. Ainsi, un directeur financier doit consulter la rubrique «Finance et Comptabilité» et la rubrique «Postes de Direction» mais il est utile de lire aussi les annonces de la rubrique «Médecine/Pharmacie» s'il souhaite travailler dans un laboratoire pharmaceutique, par exemple.

La sélection des annonces

Il n'est pas indispensable de remplir la totalité des critères demandés par l'entreprise pour répondre à une annonce. Les employeurs décrivent un profil idéal, mais s'attendent rarement à rencontrer un candidat qui remplisse toutes les caractéristiques énoncées. A l'inverse, il est inutile de répondre à une annonce dont le profil est très éloigné du vôtre.
Pour ne pas perdre de temps, ni d'argent en candidatures vouées au refus ou au silence, faites une soigneuse sélection.

Vous pouvez retenir les annonces pour lesquelles vous répondez aux 2/3 des critères de sélection, mais dans votre lettre, compensez toujours un point faible par un point fort.
Par exemple :
- L'annonce recherche un candidat de 30/35 ans, et vous en avez 40 : répondez, mais pour compenser l'inconvénient âge, mettez l'accent sur l'étendue de vos compétences.
- L'annonce cherche un candidat de 40 ans, et vous en avez 30 : mettez en valeur votre diplôme, vos stages, vos qualités.
- Vous n'avez pas le diplôme demandé : insistez sur votre expérience.
- L'annonce précise 5 ans d'expérience, vous n'en avez que 2 : répondez à l'annonce si vous connaissez un aspect du métier ou du secteur intéressant pour l'employeur : une clientèle, des produits, des concurrents, des partenaires potentiels, un pays vers lequel il exporte... Exprimez-le dans votre lettre.

Une annonce comporte plusieurs types d'informations :

• Les critères objectifs qui tiennent au profil du candidat : l'âge, la formation, l'expérience.
Par exemple : - *30/35ans*
- *Bac + 5*
- *5 années d'expérience dans la fonction.*

Vous avez l'âge, le diplôme, l'expérience : parfait.
Il vous manque l'un des critères : compensez.
Il vous manque les trois ? Inutile de répondre !

• Les critères subjectifs relatifs au caractère du candidat : les qualités demandées par le poste.
Par exemple : - *dynamisme*
- *sens des responsabilités*
- *rigueur*

Ces qualités sont les vôtres ? Tant mieux. Mais encore faut-il le prouver, grâce à vos expériences professionnelles passées, ou extra-professionnelles, à vos réalisations.

• Les caractéristiques du poste : lieu de travail, déplacements, horaires, salaire.
Par exemple : - *Bureau de Lyon*
- *rémunération annuelle de 50 K€*
- *temps partiel 14h/20h*

Pouvez-vous, compte tenu de vos impératifs familiaux, de vos projets, accepter ces conditions ?

• L'APEC : à l'agence, sur 36 15 APEC et www.apec.asso.fr
• Les services Minitel spécialisés dans les offres d'emploi, multicritères, ou par région, ou par secteur professionnel (rendez-vous au carnet d'adresses).
• Les sites d'offres d'emploi sur Internet (rendez-vous au carnet d'adresses)
Pour connaître les titres de la presse spécialisée ou technique qui concernent votre secteur, vous pouvez interroger sur le minitel l'Argus de la Presse (rendez-vous au carnet d'adresses).

À SAVOIR

Les deux marchés du travail
• Le marché ouvert : c'est celui des petites annonces, qu'elles soient diffusées par la presse, l'ANPE, l'APEC, le Minitel ou Internet. Les postes à pourvoir sont précisés, le profil des candidats défini.
• Le marché caché : c'est celui des viviers de candidats issus des candidatures spontanées, des postes pourvus par le bouche à oreille grâce aux relations, et ceux qui font l'objet d'approche directe par les cabinets de recrutement et les chasseurs de têtes.

Votre lettre de motivation doit impérativement s'adapter à chacun de vos interlocuteurs.

Pour savoir si une offre d'emploi peut vous convenir, si vous avez des chances d'intéresser l'entreprise, et pour bien adapter votre lettre, une solution : le décryptage rigoureux du texte. Ce procédé peut paraître scolaire, mais il est rapide et très efficace.

Relevez soigneusement les éléments du profil du candidat demandé à partir du texte de l'annonce. Notez en vis-à-vis les critères auxquels vous répondez, les conditions que vous êtes prêt à accepter. Cette grille de décryptage vous facilitera la tâche en vous permettant de bien visualiser les données de l'annonce.

Ce que propose l'employeur	**Ce que vous recherchez**
Ce qu'exige l'employeur	**Ce que vous pouvez offrir**
Critères objectifs	
Critères subjectifs	

Lorsque vous les avez sélectionnées, découpez ou recopiez les annonces qui vous intéressent et constituez un fichier : collez-les sur une feuille mobile, notez le journal et la date de parution. Si l'annonce est laconique, vous pouvez tenter d'en savoir plus afin de mieux cibler votre lettre : téléphonez à l'entreprise ou au cabinet qui a publié l'annonce, ou informez-vous sur Minitel ou Internet.

À SAVOIR

Analyse de l'annonce 1

- Ce que propose l'entreprise :
  - secteur : électroménager,
  - fonction : magasinier,
  - lieu de travail : Essonne.

Ces trois données vous conviennent-elles ?

- Ce que demande l'entreprise :
  - critère objectif : 5 ans d'expérience.

Pouvez-vous les justifier ?

- Commentaires :

Les critères de sélection étant très peu nombreux, vous devez y répondre exactement, et, dans votre lettre, mettre l'accent sur votre expérience et les compétences acquises.

Quatre annonces passées au crible

Annonce 1 — Exemple de lettre page 105

Grossiste
pièces détachées électroménager
situé à Monthléry (91)
recherche

MAGASINIER CONFIRMÉ

5 ans d'expérience minimum

Envoyer lettre manuscrite + CV à ...

Annonce 2

Exemple de lettre page 107

Service RELANCE CLIENTS

JEUNE FEMME

25/30 ans, dynamique,
organisée, sens des contacts,
pour relance clients et suivi règlements
Maîtrise Word et Excel exigée

Envoyer lettre manuscrite + CV à ...

Annonce 3

Exemple de lettre page 109

Société située à ROUEN (76)
recherche

CHEF COMPTABLE

BTS ou BP
Expérience souhaitée
4 ans minimum
Maîtrise Word, Excel, Cegi et Maestria
Suivi comptable et social jusqu'au bilan
Anglais courant, allemand souhaité

Adresser lettre manuscrite + CV + photo à...

Analyse de l'annonce 3

- Ce que propose l'entreprise :
  - fonction : suivi comptable et social jusqu'au bilan,
  - lieu de travail : Seine Maritime.
  Ces données vous conviennent-elles ?
  Là encore, la branche d'activité est inconnue.
  Y voyez-vous un inconvénient ?
- Ce que demande l'entreprise :
  Critères objectifs :
  - diplôme : BTS ou BP,
  - expérience : 4 ans minimum,
  - compétence particulière : maîtrise Word, Excel, et logiciels de comptabilité,
  - langues : anglais courant, allemand souhaité.
  Remplissez-vous les conditions ?
- Commentaires : Cette annonce est très rigoureuse, car les critères de sélection sont uniquement objectifs. Mettez en valeur dans votre lettre vos années d'expérience et votre niveau d'allemand ; ce sont eux qui départageront les candidats.

À SAVOIR

Analyse de l'annonce 2

- Ce que propose l'entreprise :
  - fonction : relances clients/suivi règlements,
  - lieu de travail : 94.
  Ces données vous conviennent-elles ?
  Le secteur d'activité de l'entreprise n'est pas annoncé.
  Cela vous dérange-t-il ?
- Ce que demande l'entreprise :
  Critères objectifs :
  - âge : 25/30 ans,
  - maîtrise Word et Excel.
  Avez-vous l'âge et les compétences requis ?
  Critères subjectifs :
  - qualités : dynamisme, méthode, sens des contacts
  Possédez-vous ces qualités ? Pouvez-vous les justifier par votre expérience antérieure, ou vos activités extra-professionnelles ?
- Commentaires :
  L'accent est mis sur les qualités de la candidate recherchée ; il faut donc, dans votre lettre, témoigner de ces qualités au travers de faits concrets.

À SAVOIR

Analyse de l'annonce 4

• Ce que propose l'entreprise :
- secteur : immobilier de vacances,
- fonction : secrétariat de direction,
- lieu de travail : Paris.

Les caractéristiques de ce poste vous intéressent-elles ?

• Ce que demande l'entreprise :

Critères objectifs :
- diplôme : deux ans de formation après le Bac (BTS, LEA...),
- expérience : significative,
- compétence particulière : maîtrise outils informatiques
- langues : anglais courant.

Remplissez-vous les conditions ?

Critères subjectifs : sens des contacts, méthode, autonomie.

• Commentaires :

Le profil est bien défini ; pour avoir des chances de décrocher le poste, il vous faut assurer l'employeur que vous remplissez bien les critères objectifs.

Pour mettre vos qualités en avant, illustrez-les à l'aide d'exemples précis.

Annonce 4

Exemple de lettre page 111

VACAZUR

N°1 de l'immobilier de vacances et de loisirs
basé à Paris
recherche
pour son directeur général

SECRÉTAIRE DE DIRECTION

De formation Bac + 2, cette candidate parle couramment anglais ; elle a déjà une solide expérience de cette fonction et maîtrise parfaitement les outils bureautiques.
Elle a des qualités relationnelles, le sens de l'organisation, elle fait preuve de rigueur et d'autonomie.

Sa mission sera de prendre en charge le secrétariat :
- accueil téléphonique,
- gestion de l'agenda,
- organisation des réunions et des déplacements,
- suivi des dossiers.

Merci d'adresser lettre manuscrite, CV et photo sous référence à ...

Le ciblage de votre lettre

Vous l'avez constaté en les décryptant, certaines annonces ont des exigences prioritaires ; pour intéresser l'employeur, vous devez y répondre. Votre lettre doit donc mettre l'accent sur la concordance entre votre profil et celui du candidat recherché.

Il existe depuis peu plusieurs sites Internet qui proposent de sélectionner des petites annonces en fonction de votre profil. La démarche est inverse : vous déposez votre CV sur ces sites (rendez-vous au carnet d'adresses), et vous recevez sur votre e-mail les petites annonces qui correspondent à ce que vous cherchez. Une piste à suivre aussi.

Les candidatures spontanées

Le principe de la candidature spontanée est simple : vous proposez vos services à une entreprise que vous avez sélectionnée.

Celle-ci n'a peut-être pas de poste vacant pour l'instant, ou elle recrute, mais ne fait pas appel aux annonces car :
- le poste à pourvoir ne fait pas l'objet d'une campagne de recrutement : c'est le cas, par exemple, de nombreux cadres dirigeants,
- l'entreprise ne souhaite pas que ses concurrents sachent qu'elle recrute,
- l'entreprise dispose d'un vivier de candidatures spontanées dans lequel elle peut puiser pour trouver le candidat souhaité.

Ce vivier de candidatures s'appelle le «marché caché». Une embauche sur deux se conclut grâce à ce marché, qui représente, pour les entreprises, une véritable manne ; en effet, il est plus pratique, et plus économique, de consulter les candidatures existantes que de publier des annonces dans la presse, ou de faire appel à un cabinet de recrutement.

C'est vous qui, entre autres candidats, allez alimenter ce vivier. Pour vous connaître, apprécier ce que vous pouvez lui apporter, aujourd'hui ou demain, l'entreprise a besoin de... votre dossier de candidature.

Votre dossier parvient à l'entreprise. Voici son cheminement :
- l'entreprise recrute : votre dossier de candidature rejoint les autres dossiers.
- l'entreprise ne recrute pas pour l'instant :
  - votre candidature est intéressante : vous pouvez être reçu, demain, ou dans quelques semaines, quelques mois, lorsqu'une opportunité se présentera : vous êtes intégré dans le vivier.
  - votre dossier n'est pas passé : la réponse est négative, ou vous ne recevez pas de réponse.

Le silence ou la réponse négative peuvent avoir plusieurs causes :
- votre lettre n'est pas bien ciblée : vous vous proposez pour un poste qui n'existe pas dans l'entreprise.
Par exemple : chauffeur-livreur dans une société qui n'a rien à livrer.
- votre dossier n'est pas parvenu à la bonne personne : sans le nom d'un interlocuteur, votre courrier risque de faire le tour des bureaux, et d'être égaré.
- votre lettre est maladroite : le responsable du personnel n'a pas bien compris les compétences que vous lui proposiez.

À SAVOIR

Les 5 moyens de contacter une entreprise

- Les visites dans le cadre de forums et de salons professionnels : cette approche d'une entreprise et de ses collaborateurs est très utile pour prendre «la température», et pour collecter des informations. Elle vous permet aussi d'amorcer plus facilement votre lettre de candidature. Vous pouvez laisser votre CV sur le stand, ou l'envoyer dès le lendemain à la personne que vous avez rencontrée.
- Le message sur Internet : il complète toutes les autres approches.
- L'envoi d'un dossier de candidature composé d'un CV et d'une lettre de motivation : c'est la méthode la plus classique, incontournable pour la grande majorité des postes.
- L'appel téléphonique : il suppose d'avoir une très grande aisance verbale, une élocution limpide et un vrai don de persuasion.
- La présentation personnelle : il est rarement possible de se présenter directement dans une entreprise sans avoir pris un rendez-vous au préalable ; cette méthode est surtout efficace pour la vente, dans le commerce.

Le contact direct vous permettra de démontrer vos talents de négociateur.

À SAVOIR

Pour viser juste

- Informez-vous le plus possible sur les entreprises que vous contactez : leurs activités, leurs projets, leurs difficultés.
- Obtenez le nom du bon interlocuteur, c'est-à-dire de la personne qui est décideur en matière d'embauche.
- Présentez votre profil sous son meilleur jour en fonction du secteur, du métier, de la fonction.

À SAVOIR

Les pistes pour sélectionner les entreprises

- L'annuaire du téléphone (sélection par implantation géographique et par activité).
- Les annuaires professionnels, que vous pouvez consulter par Minitel, Internet, ou dans les locaux de l'ANPE, de l'APEC, du CIDJ : le Kompass, Dun et Bradstreet, Bottin Entreprises (rendez-vous au carnet d'adresses page 155).
- Les syndicats professionnels.
- Les chambres de commerce.
- Les chambres de métiers.

Pour sélectionner les entreprises auxquelles vous souhaitez envoyer votre CV, vous pouvez utiliser différents critères.

La sélection des entreprises

Vous ne pouvez pas envoyer votre dossier de candidature à toutes les entreprises de votre département, ou à toutes celles de votre secteur d'activité. Cet arrosage serait fastidieux, coûteux, et probablement inutile. Quel est l'intérêt d'écrire à une entreprise qui fabrique des cartonnages décoratifs si vous êtes un as de la vente en électroménager, de proposer vos services à une entreprise à 200 km de chez vous alors que vous n'avez pas l'intention de déménager, ou de vous présenter dans une boutique qui ferme à 20 heures alors que vous avez des enfants à reprendre à la crèche à 18 heures chaque soir ?
Une campagne de candidature spontanée se prépare d'abord par le ciblage des entreprises. Par souci d'économie de temps et d'argent, vous vous adresserez uniquement aux entreprises qui sont susceptibles de rechercher un profil proche du vôtre ; votre candidature pourra alors répondre à leurs besoins actuels ou à venir.

Vous devez sélectionner celles :
- qui peuvent être intéressées par votre candidature : elles emploient des personnes qui ont la même qualification que vous, ou leur évolution les amène à avoir besoin de compétences plus pointues, ou complémentaires. C'est le cas des entreprises qui ont conquis des marchés à l'étranger, qui ouvrent de nouveaux magasins, de nouvelles usines, qui diversifient leurs produits...
- qui vous conviennent par leurs spécificités : taille de l'entreprise, horaires, implantation géographique...

Il existe deux types de métiers :
- les métiers «transversaux», qui peuvent être exercés dans tous les types d'entreprises : secrétaire, comptable, juriste, responsable du personnel, standardiste...
- les métiers spécifiques : électricien, pharmacien, ingénieur, chauffagiste, assureur...

La sélection sera plus large pour les premiers que pour les seconds.

Sélectionnez les entreprises à joindre selon un ou plusieurs critères selon votre situation.
Pour exemples :
- Informaticien à Toulouse, vous pouvez choisir, dans un premier temps, de contacter les entreprises de votre ville et des cinq villes avoisinantes, parce que vous souhaitez limiter vos temps de trajets. Votre premier critère de sélection est géographique.
- Secrétaire médicale à Grenoble, vous cherchez dans l'annuaire de votre département la rubrique «Médecins» et «Cliniques»

qui vous renvoie aux pages où figure la liste des praticiens et des établissements à contacter : votre critère de sélection est le secteur d'activité.

La recherche d'informations sur les entreprises

Une petite annonce donne, en général, un minimum d'informations sur l'entreprise et le poste à pourvoir. Dans le cadre d'une candidature spontanée, c'est vous qui devez faire l'effort de rechercher ces renseignements.
Cette quête d'informations vous permet de mieux connaître l'entreprise ; c'est bien la moindre des choses si vous prétendez travailler pour elle. Dans votre intérêt, à tous les stades de votre recherche d'emploi : pour savoir s'il est bien judicieux de poser votre candidature, pour adapter votre lettre de motivation en expliquant de la façon la plus concrète possible à l'employeur que vos compétences peuvent répondre à ses besoins.

Pour exemples :

- Vous apprenez que la situation financière de la société ARTIBOIS n'est pas bonne. Il est peu probable qu'elle embauche actuellement. Il vaut mieux ne pas lui envoyer votre candidature pour l'instant... sauf si vous êtes un excellent gestionnaire qui a déjà contribué à repêcher une entreprise en difficulté.

- Vous lisez dans la presse que la société TOILE DECO va ouvrir un nouveau magasin à Londres dans un mois. Vous aimez les contacts, vous parlez très bien l'anglais, vous avez déjà travaillé dans un magasin de décoration : vous avez beaucoup d'atouts pour intéresser l'employeur.

CONSEIL

Ce que vous pouvez apprendre sur une entreprise :

- l'adresse de son siège social, de ses filiales, de ses usines,
- l'année de sa création,
- son capital social,
- ses actionnaires,
- son activité,
- ses marchés,
- ses dirigeants,
- ses partenaires,
- ses concurrents,
- ses produits,
- son chiffre d'affaires,
- ses effectifs,
- sa position sur le marché,
- sa rentabilité,
- son classement dans son secteur d'activité,
- sa réputation,
- ses projets.

L'obtention de nouveaux marchés ou le lancement d'un nouveau produit impliquent souvent le recrutement de nouvelles compétences.

À SAVOIR

Les critères de sélection des entreprises

• Le secteur d'activité
C'est le premier critère qui s'impose si vous exercez un métier dans un domaine professionnel spécifique : bâtiment, mécanique, banque. Si vous exercez un métier plus généraliste qui s'adapte à tous les secteurs, ce critère est plus facultatif.

• L'implantation géographique
Ce critère dépend de vos impératifs : durée de trajet maximum compte tenu de vos charges familiales, acceptation d'un éventuel déménagement...
Sélectionnez les entreprises de votre ville, de votre département, des départements limitrophes des autres régions et des pays étrangers.

• L'effectif du personnel
Certains postes sont liés à la taille de l'entreprise, donc au nombre de ses salariés : une PME de quinze personnes n'embauchera pas un directeur des Ressources humaines ambitieux et gourmand, mais accueillera volontiers un cadre administratif rompu à la gestion des payes et aux déclarations sociales.

• L'évolution de l'entreprise
La presse fait souvent écho de l'expansion des entreprises :
- obtention de nouveaux marchés,
- développement d'une branche d'activité,
- diversification de la production,
- lancement d'un nouveau produit,
- décentralisation...

Cette recherche d'informations représente un investissement-temps. Elle nécessite des efforts et de la persévérance, mais vous ne pouvez en faire l'économie. Tous les recruteurs sont unanimes : à valeur égale, celui qui remporte le poste est celui qui connaît le mieux l'entreprise.

Certaines de ces informations ne sont pas indispensables à votre recherche d'emploi, mais elles vous donnent un portrait de l'entreprise. Certaines en revanche sont particulièrement intéressantes pour vous :
- le secteur d'activité,
- la localisation : si le siège de la société est à Lyon et que vous habitez Nancy, êtes-vous prêt à déménager ?
- ses clients : si vous connaissez plusieurs d'entre eux, il est utile de le faire savoir,
- ses produits : si vous ne les connaissez pas, essayez d'en savoir plus sur leurs caractéristiques, leur marché, leurs qualités, leurs points faibles,
- le chiffre d'affaires : une société en plein essor est plus sécurisante qu'une entreprise sur le déclin,
- ses effectifs : collaborateur d'une PME de dix personnes, on n'a pas le même rôle qu'un membre d'une entreprise de 5000 employés,
- l'organigramme de la société : retenez le nom du DRH, ou du responsable du service qui vous concerne, ce sont vos interlocuteurs privilégiés,
- ses projets : une surcharge de commandes, un nouveau chantier, une nouvelle boutique, un nouveau département, de nouveaux produits, ce sont de nouveaux postes à pourvoir.

Classez avec méthode les informations recueillies : si vous êtes convoqué à un entretien, vous les retrouverez plus facilement pour vous rafraîchir la mémoire avant le rendez-vous.
Notez, sur une feuille de classeur, ou sur une fiche, pour chaque société, son nom, son adresse, son téléphone, puis complétez-la avec les informations relevées ici et là, les coupures de presse découpées...

Voici un exemple de fiche entreprise :

> **TOILE DECO**
> **siège : 45, avenue Paul Doumer - 75016 PARIS - tél. 01 00 00 00 00**
>
> **SARL créée en 1985**
> **Activité : tissus d'ameublement, linge de maison**
> **Capital social : 300 000 €**
> **Marques : XXXX, YYYYY**
> **Directeur : Bernard JACQUEMIN**
> **Directeur du Personnel : Philippe TOUCHARD**
> **Magasins : 15**
> **Chiffre d'affaires : XXX €**
> **Employés : 145**
> **Entreprise bénéficiaire - bonne rentabilité - n°66 de son secteur**
> **150 concurrents répertoriés**
> **Projets : ouverture d'un show-room à Londres en avril 20..**
>
> **Informations au 17/10/..**

Le ciblage de la lettre

Vous présentez votre candidature pour un poste précis. Mais savez-vous exactement quels sont les savoir-faire exigés dans cette fonction ? L'intitulé d'un poste recouvre parfois des tâches différentes, selon les entreprises. Pour mettre en valeur vos compétences, cernez bien toutes les capacités que l'entreprise que vous contactez peut vous demander.

Le ROME (Répertoire Opérationnel des Métiers et Emplois), que vous pouvez consultez à l'ANPE, les brochures de l'ONISEP, et les fiches métiers du CIDJ peuvent très utilement compléter votre information.

Lorsque vous aurez obtenu, grâce à vos recherches, une liste de plusieurs dizaines d'entreprises, le travail de ciblage de votre lettre peut commencer.

Demandez-vous pour chacune d'elles les raisons pour lesquelles vous allez la contacter :

- ses activités correspondent à votre métier : vos compétences sont très proches de celles du personnel en place, vous êtes en mesure de répondre à ses besoins, de contribuer à résoudre ses problèmes
- ses conditions de travail vous conviennent bien : effectif du personnel, implantation géographique, horaires...
- son activité vous intéresse.

À SAVOIR

Les sources d'information sur les entreprises

- Les entreprises elles-mêmes : standard, hôtesse, secrétaire du chef du personnel...
- La presse écrite économique, spécialisée et professionnelle. Le *Nouvel Economiste*, l'*Expansion* et *les Echos* mettent en vente des numéros hors séries répertoriant les entreprises françaises et/ou européennes.
- Les stations radio et les chaînes de télévision nationales et régionales diffusent des renseignements sur l'emploi, les formations, les stages...
- Les lieux d'information officiels : l'ANPE, l'APEC, l'Institut de la propriété industrielle, les bibliothèques nationales et municipales, les mairies, les bourses de commerce, les chambres de commerce et d'industrie, les chambres des métiers...
- Les annuaires professionnels : Kompass, la Cote Desfossés, l'annuaire de la finance, l'annuaire Dun & Bradstreet.
- Le tribunal de commerce de la ville où est située l'entreprise.
- Les services Minitel.
- Les sites Internet des entreprises.
- Les salons professionnels de votre secteur d'activité.

Si vous ne pouvez pas visiter les salons professionnels, procurez-vous le catalogue auprès du comité organisateur.

Les cabinets de recrutement

Les entreprises n'ont pas toujours la possibilité, par manque de temps, de recruter directement. Elles souhaitent parfois que leur démarche soit discrète et ne soit pas connue de leurs concurrents... ni de leurs collaborateurs. Elles peuvent ainsi mandater un cabinet de recrutement qui se chargera pour leur compte de toutes les étapes du recrutement.

À SAVOIR

La spécialisation des cabinets de recrutement

Certains cabinets recrutent dans tous les secteurs, d'autres ont une spécialisation :

- administration/finances,
- agro-alimentaire,
- automobile,
- banques/finances/assurances,
- biotechnologies,
- BTP/travaux publics,
- bois/papiers,
- bureautique,
- chimie/plastiques ,
- communication,
- comptabilité/contrôle/audit,
- distribution,
- édition-imprimerie,
- électronique et construction électrique,
- énergie et mines,
- hautes technologies,
- informatique,
- industries navales et aéronautiques,
- marketing-promotion,
- mécanique / biens d'équipement,
- métallurgie,
- négoce et commerce,
- papier,
- pharmacie et cosmétiques,
- produits de luxe,
- santé,
- services,
- textile et mode,
- transports et logistique,
- tourisme-hôtellerie-restauration-loisirs.

Les méthodes de recrutement

Elles varient selon le poste à pourvoir. La première démarche des cabinets de recrutement est de passer en revue leur «vivier» de candidats, constitué des candidatures spontanées qu'ils reçoivent régulièrement. Si cette revue n'est pas concluante, ils passent des annonces dans la presse, ou par l'intermédiaire du Minitel ou de l'Internet.

La sélection des candidats se fait en plusieurs étapes :
- présélection sur CV et lettre de motivation, d'après des critères qui diffèrent selon le poste à pourvoir : secteur d'activité, niveau d'études, expérience, connaissances en langues étrangères, dernier poste occupé,
- sélection sur entretien au cours duquel sont étudiés le déroulement de la carrière, la motivation et la personnalité du candidat,
- sélection sur des critères complémentaires éventuellement : graphologie, tests psychotechniques, entretiens collectifs...,
- vérification des références des candidats.

L'approche directe est un procédé couramment utilisé pour les postes de haut niveau, et lorsque le client souhaite que le recrutement soit confidentiel. Après une définition très soigneuse du profil du candidat idéal, le cabinet repère les personnes en poste susceptibles de répondre aux critères de son client. Le contact est ensuite établi par téléphone ou par courrier.
Après avoir sélectionné quelques candidats, le cabinet les propose à son client qui prend la décision finale.

Faire partie du «vivier»

Une tâche essentielle d'un cabinet de recrutement est la constitution d'un vivier de candidats dans lequel il pourra «piocher» lorsqu'une mission lui sera confiée.

Le vivier est alimenté par les candidatures spontanées soigneusement sélectionnées d'après des critères précis. Pour faire partie du vivier, vous disposez de plusieurs pistes.

Dans un premier temps, sélectionnez les cabinets en fonction de leur spécialisation. Car, il faut savoir que certains recrutent uniquement dans le secteur des nouvelles technologies, ou seulement pour des fonctions marketing, par exemple. Pour dresser la liste des cabinets que votre candidature peut intéresser, vous disposez de plusieurs pistes :

- le site Internet du Syndicat du Conseil en Recrutement : www.syntec-recrutement.org. Il regroupe 150 cabinets qui ont signé une charte de déontologie,
- le site Internet de l'Annuaire des Professionnels du Recrutement APR : www.netpage.tm.fr/emploi. Il recense les adresses de mille cabinets, classés par secteurs d'activité et par lieu d'implantation géographique,
- les annuaires, guides et répertoires des cabinets de recrutement (rendez-vous au carnet d'adresses).

Ensuite, rédigez un CV concis, en mettant en valeur les résultats obtenus dans chaque poste occupé, et une lettre de motivation exprimant ce que vous pouvez apporter.

La voie traditionnelle consiste à adresser directement votre dossier de candidature aux cabinets que vous aurez sélectionnés, par voie postale ou par Internet.

Vous pouvez aussi déposer votre dossier, lettre + CV, sur un site de dépôt des candidatures très régulièrement consulté par les cabinets : www Cadremploi.tm.fr (paiement à la consultation ou par abonnement).

Ne vous désespérez pas si vous n'obtenez pas une réponse rapide à votre candidature. Le cabinet n'a sans doute pas, actuellement, de poste à vous proposer, mais il a peut-être retenu votre dossier et vous serez contacté lorsqu'un poste de votre profil devra être pourvu. Vous pouvez, comme pour toute autre filière de recherche d'emploi, vous renseigner sur la suite qui a été donnée à votre dossier. Tenez les cabinets de recrutement auxquels vous avez écrit informés de l'évolution de votre parcours, et surtout de vos changements d'adresse afin de faire partie de leur vivier de candidats.

À SAVOIR

Des fonctions ciblées

La plupart des cabinets ont également ciblé le niveau des collaborateurs recherchés :

- agents de maîtrise,
- cadres moyens,
- cadres supérieurs,

Ainsi que les fonctions :

- commerciaux,
- direction générale,
- financiers, comptables, fiscalistes, juristes,
- ingénieurs et techniciens,
- gestionnaires des ressources humaines,
- candidats aux postes internationaux,
- responsables des achats.

Pour intéresser un chasseur de têtes :

- ayez des diplômes prestigieux,
- possédez toutes les ficelles de votre métier,
- soyez précédé d'une excellente réputation,
- soyez toujours en poste.

Faire partie d'un vivier de candidats, c'est vous donner la chance d'être, un jour, « chassé », pour un poste plus intéressant, ou plus lucratif.

À SAVOIR

La déontologie des cabinets de recrutement

Certains sont affiliés à un syndicat, d'autres non. Mais la plupart d'entre eux acceptent de suivre un code de déontologie qui vise à respecter le client comme le candidat. En voici quelques points qui vous concernent en tant que candidat :

- vous prévenir des techniques d'évaluation,
- vous informer sur l'entreprise et le poste à pourvoir,
- utiliser des outils de sélection validés par la profession,
- vous indiquer les résultats que vous avez obtenus à ces techniques d'évaluation,
- vous informer de la prise de références à votre sujet,
- vous avertir que votre lettre fera l'objet d'une analyse graphologique,
- respecter la confidentialité de votre démarche,
- vous aider à vous intégrer dans l'entreprise si vous êtes engagé.

La prudence et la discrétion caractérisent l'approche d'un cabinet de recrutement.

Les règles de prudence

L'un des avantages du recrutement *via* un cabinet est la discrétion. Mais cette discrétion a aussi un inconvénient.

Vous êtes actuellement en poste, et vous avez contacté un cabinet de recrutement pour changer d'emploi. Vous connaissez bien le marché de votre secteur, et vous n'aimeriez pas travailler pour l'une des entreprises du marché (pour cause d'incompatibilité d'humeur avec le patron que vous avez déjà rencontré, par exemple). Or, il n'est pas impossible que cette entreprise recrute précisément par l'intermédiaire de ce même cabinet. Prenez la précaution de préciser que vous ne souhaitez pas que votre candidature soit, éventuellement, présentée à la société XX.

Vous pourriez être tenté, pour «balayer» plus largement le marché, d'envoyer votre candidature à un même cabinet pour plusieurs postes. Renoncez à ce procédé : un candidat qui a plusieurs projets professionnels est facilement taxé de dilettantisme et d'opportunisme.

Comment tirer parti d'un refus ?

Une entreprise offre un poste de directeur financier tous les... cinq ans, par exemple ; un cabinet de recrutement peut en proposer dix par an.

Si votre candidature n'est pas acceptée pour l'instant, elle peut rester en course pour d'autres missions. Un refus n'est pas forcément définitif. Considérez les aspects positifs de votre démarche : vous vous êtes fait connaître et, si vous avez bien ciblé votre lettre, vous allez faire sans doute partie de la base de données du cabinet.

Pour optimiser ce contact :

- indiquez vos changements d'adresse pour que l'on puisse vous joindre facilement en cas de besoin,
- informez de votre évolution de carrière si vous changez de poste ou d'entreprise.

Les relations

Près de 60% des emplois cadres sont pourvus par relations. Certaines entreprises reçoivent plusieurs centaines, voire des milliers de candidatures spontanées par an. Beaucoup de CV se ressemblent : même formation, cursus très proche... Le nom cité au premier paragraphe de la lettre, c'est le coup de pouce qui va faire émerger le dossier de la pile. Il ne garantit pas l'emploi, mais une attention plus soutenue de la part du recruteur, et une chance accrue de décrocher un entretien.

La première démarche d'un chef d'entreprise qui a un poste à pourvoir est d'en parler autour de lui ; si quelqu'un de son entourage lui cite un nom, il commence par étudier cette candidature, *a fortiori* si ce nom est accompagné d'une recommandation, avant même de piocher dans les candidatures spontanées, puis de passer une petite annonce.

Le réseau relationnel ne garantit pas un poste «clé en mains», mais il peut vous apporter une aide précieuse : un avis, une information, un conseil, un nom. Un seul contact ouvre parfois cinq pistes : c'est l'effet boule de neige.

Tour d'horizon de votre univers relationnel

Il y a les communicatifs, qui cultivent leurs relations par nécessité, par intérêt ou par goût personnel. Leur carnet d'adresses est opulent, et leur sens du contact spontané. Ils savent séduire en quelques mots, présenter leurs arguments avec tact, et manient avec doigté l'art de la persuasion.

Et puis, il y a les discrets qui ont quelques amis et peu ou pas de relations. Leur carnet d'adresses est mince, ils sont parfois timides, peu bavards, et n'ont aucun penchant pour la confidence.

Si vous êtes de ceux-là, vous pensez peut-être que vous ne connaissez personne qui puisse vous aider. Ne négligez pas pour autant la piste du réseau. Dressez la liste des personnes de votre entourage ; vous serez surpris de constater qu'elles sont plus nombreuses que vous ne le pensiez.

Le réseau relationnel se compose de trois niveaux :

- le premier cercle est celui des proches : famille et amis avec lesquels vous avez des relations suivies et sans protocole,
- le deuxième cercle est celui des relations : personnes de votre

CONSEIL

Qui peut vous aider ?

Votre réseau relationnel est composé de personnes venant d'horizons très divers :

- famille : parents, beaux-parents, frères et sœurs, beaux-frères, belles-sœurs, oncles, tantes, cousins,
- camarades de classe, de faculté, de stage,
- enseignants si vous venez de terminer vos études,
- amis proches,
- voisins,
- personnes connues chez des amis communs,
- partenaires sportifs,
- personnes connues au cours de vos activités artistiques, culturelles, syndicales,
- parents des amis de vos enfants,
- commerçants,
- relations privées : dentiste, médecin, assureur, garagiste,
- partenaires professionnels : clients, fournisseurs, collaborateurs, anciens patrons, anciens collègues.

Votre réseau relationnel est plus étendu que vous le pensez.

À SAVOIR

Fiche type relation

- nom
- prénom
- adresse
- téléphone
- profession
- entreprise
- présenté par ...
- m'a dirigé vers ...
- nature de l'aide qu'elle peut vous apporter : piste, nom, recommandation, transmission lettre et CV, conseil sur orientation de la recherche, avis sur des entreprises...

Établir son fichier de « réseau relationnel » demande du temps et de la persévérance.

entourage personnel ou professionnel que vous rencontrez une ou deux fois par an,

- le troisième cercle est celui des contacts : ce sont les personnes dont les noms vous auront été communiqués par les deux premiers cercles.

Votre fichier «réseau relationnel»

La création de ce fichier est indispensable pour bien cerner les personnes qui peuvent vous aider, et définir ce que vous pouvez leur demander.

Reprenez vos agendas personnels et professionnels ainsi que vos carnets d'adresses des cinq dernières années.

Notez le nom des différentes personnes que vous côtoyez ou que vous avez connues, avec leur adresse, leur numéro de téléphone, leur fonction. Définissez ce que, de prime abord, cette personne peut vous apporter. Cela vous permettra de bien formuler votre demande.

Pour exemples :

- Louis Martin exerce le même métier que vous dans une plus grande entreprise ; il peut vous parler des fonctions qu'il exerce, vous dire si son entreprise embauche...

- Sylvie Duby travaille dans une entreprise qui vous intéresse ; elle peut vous parler des conditions de travail, vous donner le nom du responsable du personnel...

- Matthieu Férey a un ami qui travaille dans l'automobile ; il peut vous donner des conseils sur le secteur, les perspectives du marché...

Relations mode d'emploi

Le temps du piston est révolu. Mais un avis, un conseil, un relais peuvent faire avancer vos démarches ou vous ouvrir des horizons. Pour que vos contacts soient efficaces, il faut :

- savoir ce que vous cherchez ; n'attendez pas de réponse à une question vague, ni de solution à un souhait imprécis,

- savoir ce que peut raisonnablement vous apporter la personne que vos contactez ; il est inutile d'attendre une introduction dans une entreprise d'une personne qui n'est pas au mieux avec sa hiérarchie ; en revanche, cette personne connaît peut-être très bien le secteur professionnel, ou des concurrents, des partenaires...

- être capable de définir en quelques mots vos compétences et vos objectifs : ne vous perdez pas dans des explications longues et compliquées. Votre interlocuteur doit savoir très vite ce que vous cherchez précisément et ce que vous pouvez apporter à une entreprise,

- résister à la tentation de vous plaindre. Votre recherche d'emploi s'éternise, vous essuyez des refus, vous perdez courage ? Vous aimeriez un peu de réconfort ? C'est normal. Mais ne jouez pas la carte de la pitié ; ne cherchez pas à culpabiliser votre interlocuteur, il vous en voudrait,
- vous abstenir de relancer vos correspondants tous les deux jours, pour avoir du nouveau,
- informer les personnes qui vous ont aidé des suites de votre recherche d'emploi, et de l'usage que vous avez fait de leurs conseils,
- remercier et rendre la pareille si l'occasion se présente.

La prise de contact

Il faut bien démarrer dans la vie professionnelle, et personne n'est à l'abri d'un incident de carrière. La recherche d'un emploi est une activité digne de respect. En sollicitant vos relations, vous ne demandez pas un service, vous vous informez sur des débouchés. Mais pour donner à vos interlocuteurs le désir de vous apporter leur appui, présentez adroitement votre requête.

Aux personnes du premier cercle, parents, amis proches, vous expliquerez par téléphone ou de vive voix ce que vous cherchez. Vous êtes intimes, inutile de suivre un protocole d'approche. Vous contacterez également par téléphone les personnes moins proches. L'idéal est d'obtenir un rendez-vous. Mais ne forcez pas la main si on vous invite à exposer votre problème au bout du fil. Soyez aimable, clair, bref et motivé. Préparez votre appel et procédez par étapes.

Présentez-vous et annoncez les motifs de votre appel. Déclinez votre nom, celui de la personne qui vous a indiqué ce contact, et le motif de votre appel.

Par exemple :

- *«Alexis Lemoine, je viens de terminer mes études de ... et je veux entrer dans la vie active. Mon oncle, Philippe Dutoit, m'a dit que vous connaissiez très bien le secteur de ... et que vous pourriez me donner des informations. Pourriez-vous m'accorder un rendez-vous ?»*
- *«Adrien Férey, je suis un ami de votre fille Séverine. Je serai libéré du service national le ... et je cherche du travail à partir de ... Séverine m'a dit que votre entreprise proposait souvent des CDI pour ...»*
- *«Catherine Hardy, votre voisine. Votre épouse m'a dit que vous travailliez chez ... Mes enfants étant maintenant scolarisés, je voudrais reprendre une activité. Pourriez-vous me dire si votre entreprise recrute des secrétaires bilingues anglais ?»*

LES DESTINATAIRES

Ce que vous pouvez attendre de vos relations

- Un avis sur le métier, le secteur, le marché, les concurrents, les projets, les besoins des entreprises, un processus de recrutement, la personnalité d'un employeur.
- Une opinion sur les compétences requises dans un métier, une fonction.
- L'indication du nom de personnes à joindre, d'entreprises à contacter.
- Un conseil sur les possibilités de poste dans leur environnement professionnel.
- Un avis sur votre dossier de candidature.
- Un accord pour figure sur votre liste de références.
- La diffusion de votre CV.
- Un mot de recommandation.

À SAVOIR

Piston : le revers de la médaille

Si vous obtenez une situation grâce à votre réseau relationnel, sachez qu'il vous faudra être bon, très bon, pour que personne n'ait à regretter de vous avoir aidé. Soyez à la hauteur de la confiance que l'on a placée en vous.

N'insistez pas si vous constatez que vos interlocuteurs ne peuvent, ou ne veulent pas intervenir.

CONSEIL

Pour cultiver vos relations...
- Honorez toutes les invitations : petits déjeuners, déjeuners, dîners, colloques, conférences...
- Privilégiez la vie associative : clubs de sport, de loisirs...
- Adhérez à un club ou à un cercle.
- Faites partie des associations d'anciens élèves.
- Envoyez cartes de vœux, avis de changement d'adresse, faire-parts...
- Sollicitez votre inscription dans des annuaires privés (Bottin mondain, Who's who, si vous êtes admis) et professionnels.

Intéressez-vous sincèrement aux autres et ils s'intéresseront à vous et vous aideront (peut-être) un jour.

- *«Jean-Philippe Guillot, je suis un ami de Marc Naudon. Je suis spécialisé dans ... Mon entreprise a prévu un plan de licenciement, je dois chercher un autre emploi dans le secteur de ... Connaissez-vous une entreprise qui pourrait être intéressée par mes compétences ?»*

Attention aux maladresses qui frisent l'abus de confiance, elles ne pardonnent pas : citer le nom d'une personne qui ne vous en a pas donné l'autorisation, ou encore parler de la vie privée, des projets, des difficultés de la personne qui a servi d'intermédiaire.
Si on vous accorde un entretien, envoyez, dans les cinq jours qui suivent, une courte lettre de remerciements *(rendez-vous page 151).*

Pour faire référence à une recommandation

On vous a promis une introduction. Dès que vous avez le feu vert de votre contact, envoyez votre dossier de candidature à l'entreprise en question : une lettre qui explique clairement ce que vous pouvez lui apporter, grâce à vos qualités et à vos compétences, et qui cite aussi, dès la première ligne, la personne qui vous recommande *(exemples de lettres page 129 et suiv.).*

L'art des relations publiques

Vous aurez besoin d'un réseau tout au long de votre parcours professionnel. Pour certains, le relationnel est futile et superficiel, pour d'autres, il est essentiel, puisqu'il est des fonctions (consultants, libéraux, par exemple) dans lesquelles le carnet d'adresses est un véritable fonds de commerce.
Le meilleur moyen «d'avoir des relations», c'est de s'intéresser aux autres, non aux services qu'ils peuvent vous rendre, mais à leurs projets, leurs idées, leurs difficultés. Faites l'expérience : envoyez un article que vous avez lu par hasard dans la presse sur les tire-bouchons à une de vos relations qui en fait collection, par exemple ; soyez sûr qu'elle ne vous oubliera pas !

Les salons professionnels et les forums emploi

La visite des salons professionnels de votre secteur d'activité présente plusieurs avantages. Si vous ne travaillez plus depuis plusieurs semaines ou plusieurs mois, c'est l'occasion de ne pas décrocher de votre milieu professionnel, de vous montrer, de faire savoir à vos anciens collègues et à toutes les personnes avec lesquelles vous avez travaillé (clients, fournisseurs, concurrents...) que vous êtes toujours dans le circuit.

La visite des alons professionnels offre aussi la possibilité de découvrir les produits ou les services de vos partenaires et de vos concurrents (passés, présents ou à venir) et l'opportunité d'étoffer votre carnet d'adresses en ayant de nouveaux contacts.

Pour que ces visites soient fructueuses, organisez-les :

- Procurez-vous le catalogue du salon pour étudier la liste des exposants. Vous pourrez ainsi faire une sélection des entreprises susceptibles d'être intéressées par votre candidature. Demandez ce catalogue au Comité organisateur avant l'ouverture du salon, ou achetez-le le jour même de votre visite, mais prenez le temps de le consulter avant de faire votre tournée.
- Prenez sur les stands des entreprises qui vous intéressent les documentations disponibles ; demandez le nom de la personne qui dirige le service qui vous intéresse, ou celui du responsable du personnel. S'ils sont présents, tentez de les rencontrer, présentez-vous brièvement en nommant votre fonction, posez des questions sur les projets de l'entreprise. Avant de partir, laissez votre carte de visite. Mais ne monopolisez pas l'attention : les responsables du stand doivent avant tout recevoir leurs clients, et si possible conclure des affaires. Vous pouvez laisser votre CV, mais il n'est pas certain qu'il soit transmis à celui qui aura autorité pour prendre une décision. Il est préférable de prendre le temps de rédiger une lettre faisant référence à ce contact, et de l'envoyer dès le lendemain avec votre CV. Vous rappelerez ensuite sous dix jours.

Les forums emploi, eux, sont axés directement sur l'offre d'emploi. Les entreprises y participent pour recevoir des candidats. Votre démarche doit être plus conquérante. Laissez votre CV, rappelez dès la fin du salon, ou envoyez une lettre très personnalisée pour rappeler votre candidature.

À SAVOIR

Les atouts des salons professionnels

- Les leaders du secteur et les entreprises en pleine évolution sont sur les salons.
- Ne vous présentez pas en disant «Je cherche un emploi» mais dites : «Je viens m'informer sur le secteur.»
- Ne cherchez pas à tout prix à «caser» votre dossier de candidature.
- Prenez la température du secteur : les exposants sont-ils nombreux, la fréquentation du salon et le volume des affaires traitées sont-ils bons ?
- Informez-vous sur les entreprises : ont-elles de nouveaux produits, de nouveaux projets, quelles sont leurs priorités ?
- Notez le nom de la personne qui étudie les candidatures.

Votre but : obtenir des renseignements qui vous permettront de cibler votre lettre de motivation.

À SAVOIR

Forums emploi : un espace de rencontres

Contrairement aux salons professionnels où la priorité est donnée aux affaires à conclure, les entreprises qui participent à ces forums sont à votre écoute.
Toutes celles que vous rencontrerez n'ont pas un poste à vous proposer dans l'immédiat mais c'est au cours de ces forums qu'elles constituent leur vivier dans la perspective d'une future embauche. Vous n'aurez pas de difficulté pour obtenir des renseignements,
et vous aurez même probablement l'opportunité de rencontrer la personne responsable du recrutement. Aussi, même si ces entretiens ne sont pas formalistes, présentez-vous sous votre meilleur jour. Soignez votre allure : cheveux propres et bien coiffés, vêtements adaptés au poste que vous cherchez, maquillage discret. Emportez avec vous tous les documents nécessaires à votre candidature : quelques CV, quelques photos, sans oublier votre agenda.

Un stand spacieux, une équipe mobilisée sont des indicateurs positifs de la vitalité de l'entreprise.

Pour connaître les salons professionnels concernant votre branche, ou les dates et lieux des forums emploi, interrogez les serveurs Minitel (rendez-vous au carnet d'adresses).

Après chaque visite, accordez-vous une courte pause pour réfléchir aux contacts pris ; notez sur une fiche les principaux termes de votre discussion, ce que vous avez appris, vos impressions personnelles. C'est ainsi que vous pourrez bien adapter votre CV et votre lettre de motivation aux besoins de l'entreprise.
Par exemple, pour un salon professionnel :

BATIMAT le 7 octobre 20..
stand des Ateliers de la Seine

Activité : menuiseries sur mesure

Directeur : Philippe BARDOT

Responsable du personnel : Véronique LENOIR

Rencontré sur le stand le directeur.

Informations recueillies :
- un gros chantier est prévu en Espagne en janvier pour hôtel de luxe,
- équipe pas encore constituée,
- recontacter le mois prochain pour possibilité CDD.

Votre lettre ligne après ligne

Vous avez fait le point sur votre parcours professionnel, relevé vos points forts, ciblé les destinataires de votre candidature, et préparé votre CV. Vous passez à la rédaction de votre lettre de motivation.
Vous voici devant votre feuille blanche, le stylo à la main. Ne soyez pas inquiet d'être embarrassé. La rédaction d'une lettre sérieuse n'est facile pour personne ; **prenez votre temps**. Ne craignez pas de noircir plusieurs brouillons. C'est en écrivant, en rayant et en recommençant que vous progresserez dans la rédaction de votre lettre et que vous trouverez les **mots justes** pour exprimer qui vous êtes vraiment.

Les lettres de la recherche d'emploi

Dans le cadre de votre recherche d'emploi, vous allez probablement être amené à rédiger plusieurs types de lettres. La plus fréquente est la lettre de motivation, qui accompagne obligatoirement chacun de vos CV. Elle est le sujet de ce livre.

Mais dans certaines situations, une lettre de prospection, compromis entre la lettre de motivation et le CV, peut suffire. Enfin, si au cours de vos démarches emploi, vous bénéficiez d'appuis, de conseils, de recommandations de la part de vos relations, une lettre de remerciements sera le témoignage de votre gratitude.

À SAVOIR

Les termes qui font bondir les recruteurs

- «Mon cas est particulier» : chacun de nous est unique. Ne laissez pas supposer que vous vous intéressez surtout à vous ; tournez-vous vers les autres, et en particulier vers le recruteur.
- «Je souhaite donner une nouvelle impulsion à ma carrière» : le recruteur cherche quelqu'un qui puisse convenir au poste à pourvoir et se soucie peu de votre carrière.
- «J'aimerais approfondir mes connaissances» : cette maladresse est souvent le fait des débutants qui ont deux stages à leur actif et qui souhaitent progresser. Mais l'employeur n'a pas vocation à vous former. Il a besoin d'un collaborateur qui apporte ses compétences, pas d'un candidat de passage qui vient apprendre son métier et qui s'en ira dès qu'il aura fait le tour de la question.

La lettre de motivation

Votre lettre est le premier élément de votre candidature que l'employeur a sous les yeux. Il dispose d'environ 30 secondes pour la lire.
Elle met en valeur un de vos points forts ?
L'attention du recruteur est attirée, il lit votre CV.
Votre lettre se limite à une formule de politesse banale ?
Il passe à un autre dossier.

Chaque lettre de motivation doit, comme son nom l'indique, faire état de... votre motivation, c'est-à-dire de la raison pour laquelle vous écrivez précisément à cette entreprise. Vous cherchez du travail, c'est évident. Mais vous ne devez en aucun cas laisser supposer que vous êtes prêt à prendre n'importe quel emploi. Vous devez faire comprendre à l'employeur que vous êtes vraiment le candidat qu'il cherche... ou celui dont il aura sûrement besoin dans les mois ou les années à venir.

Imaginez un instant que vous êtes un employeur : seriez-vous tenté d'embaucher un candidat qui ne s'intéresse guère à votre entreprise, à vos activités, à vos projets ? La concurrence est sévère. Pour un même poste, des dizaines, voire des centaines de candidatures affluent sur le bureau du recruteur. A compétences égales, c'est le candidat le plus «accroché», celui qui a manifesté le plus d'intérêt pour le poste qui sera recruté. Si le CV expose la formation, le passé professionnel, la lettre de motivation, elle, doit témoigner de cet intérêt.

Le secret d'une lettre de motivation accrocheuse est dans cet esprit critique. Pour juger de l'efficacité de votre lettre, vous devez toujours vous poser cette question : «Ceci a-t-il de l'intérêt pour l'employeur ?»

(Voir exemples de lettres page 103.)

La lettre de prospection

Envoyée seule, sans CV, elle offre vos services à une entreprise en résumant en quelques lignes vos compétences et vos atouts. Elle est justifiée si vous êtes débutant, à la recherche d'un stage, d'un emploi d'appoint, ou encore si votre expérience professionnelle se résume vraiment à quelques lignes.

Mais cette lettre ne vous dispense pas de rédiger un CV, car un employeur séduit par le dynamisme de votre lettre vous demandera très probablement de le lui envoyer.

(Voir exemples de lettres page 145.)

La lettre de remerciements

Un conseil donné, une recommandation accordée, une entrevue acceptée... sont autant d'aides précieuses pour vous permettre d'atteindre votre objectif emploi. Montrez votre reconnaissance. Si un coup de téléphone suffit pour les plus proches, il est préférable de rédiger une lettre de remerciements pour les moins intimes. Cette délicatesse fait partie des attentions qui marquent : vous laisserez un bon souvenir, et on se souviendra de vous si une opportunité se présente.

(Voir exemples de lettres page 151.)

À SAVOIR

Les CV passent, les lettres demeurent

Les chefs d'entreprise et les DRH reçoivent chaque mois des dizaines, voire des centaines de dossiers de candidatures. Ils accordent chaque semaine plusieurs entretiens.

Comment faire pour que, dans ce flot de candidats, votre nom soit retenu ? Remerciez-le ! Même s'il ne vous offre pas de poste.

- Il vous a reçu en entretien et vous a donné des conseils utiles : remerciez-le pour le temps qu'il vous a consacré et assurez-le que vous mettrez ses conseils en pratique.
- Il vous a écrit qu'il ne pouvait pas donner suite à votre candidature ? Rappelez-lui que vous êtes à sa disposition si un poste correspondant à votre profil se libérait.

Cette lettre est une façon efficace et discrète d'exprimer votre intérêt pour l'entreprise, de rappeler vos compétences et de montrer que vous êtes très organisé.

Moins formaliste que la lettre de motivation, la lettre de remerciements doit être courtoise sans familiarité, courte, et rédigée dans un style direct.

Vous pouvez la saisir sur ordinateur, ou l'écrire à la main.

Une lettre banale, suite d'expressions conventionnelles toutes faites, n'a aucune valeur.

Le contenu de votre lettre

La phase préliminaire à la rédaction proprement dite de votre lettre consiste à noter sur le papier les idées à faire passer, en fonction de votre profil. Le CV expose les critères objectifs de sélection : études suivies, diplômes obtenus, nombre d'années et genre d'expérience acquise.
Le rôle de la lettre est de mettre l'accent sur les critères subjectifs.

CONSEIL

Votre motivation

Ne laissez pas imaginer que vous êtes prêt à accepter n'importe quel emploi, que vous avez contacté cette entreprise parce qu'elle était près de chez vous : l'employeur pensera, à juste titre sans doute, que vous le quitterez à la première occasion.
Mettez en avant votre volonté de vous intégrer dans une équipe de valeur pour mener à bien, ensemble, des projets d'envergure, de mettre à profit vos connaissances sur un terrain de qualité, de relever un défi...

Vous devez toujours apporter la preuve de ce que vous avancez.

À SAVOIR

Une lettre n'est pas un CV

Une lettre CV-résumé ne présente pas d'intérêt pour un recruteur. Elle dénote manque d'imagination, platitude. Pour être remarqué, sortez du lot !

Les messages à délivrer

Vous devez persuader l'employeur que vous avez toutes les qualités et les compétences requises pour être un candidat de valeur, et que votre souhait le plus cher est de travailler pour lui. Il doit penser, après avoir lu votre lettre et votre CV : « Ce candidat vaut la peine d'être reçu. » Jetez sur le papier, sans souci de rédaction pour l'instant, les messages positifs à exprimer.

Vos qualités

Certaines qualités sont séduisantes pour tous les recruteurs, quels que soient le secteur d'activité, le niveau de poste ou la taille de l'entreprise : le dynamisme, la persévérance, la capacité d'adaptation, une certaine dose d'ambition.
Mais il ne suffit pas d'écrire « Dynamique et persévérant, je pense être le candidat qu'il vous faut ». On est tenté de vous répondre « Prouvez-le ! ». Dites plutôt comment se sont jusqu'alors exprimés votre dynamisme et votre persévérance dans votre vie ; dans votre vie professionnelle en priorité, mais aussi, si vous êtes débutant, ou si vos expériences ont été courtes ou peu probantes, dans votre vie personnelle, vos activités extra-professionnelles... Justifiez toujours par des faits concrets ce que vous avancez.
D'autres qualités, indispensables dans certains métiers, ne sont pas essentielles dans d'autres. Rigoureux et méthodique, vous faites un bon juriste ou un bon comptable, mais seriez-vous un bon styliste? Exploitez donc en priorité les qualités en rapport avec le poste recherché. Diplomatie, tact, sens du contact sont des qualités primordiales pour un bon réceptionniste, pas forcément pour un bon électricien...

Vos compétences

On vous embauchera pour ce que vous avez fait, ne l'oubliez pas. Même s'il ne doute pas de votre bonne foi, un employeur préfère juger sur des acquis plutôt que sur des promesses. La bonne volonté ne suffit pas toujours pour être efficace. Il est très important que vous releviez dans votre parcours tous vos points forts, et que vous établissiez le lien avec les besoins de l'entreprise. Inutile de mettre en avant votre connaissance du norvégien si vous vous adressez à une PME qui ne travaille pas avec les pays nordiques. En revanche si vous écrivez à une banque cherchant à s'implanter à l'étranger, vous pouvez écrire, par exemple :

«Vous cherchez à développer votre présence en Europe de l'Est. Pour avoir été codirecteur du bureau de la Société Générale à Berlin pendant six ans, je connais parfaitement les démarches nécessaires à l'implantation de succursales bancaires à l'étranger...»

Votre disponibilité

Elle est indispensable pour certains postes qui exigent des horaires lourds ou décalés, des déplacements, une éventuelle mutation... Pour justifier cette disponibilité, évoquez un conjoint libre de toute contrainte professionnelle, des enfants élevés, autonomes...

Evoquer votre disponibilité immédiate est aussi une façon élégante de faire comprendre à un employeur que vous êtes libre de tout engagement, c'est-à-dire demandeur d'emploi.

Votre rémunération

Voici un message que vous devez diffuser si l'annonce à laquelle vous répondez le précise. En revanche, il est préférable de taire vos prétentions de salaire si vous faites une candidature spontanée.

Les maladresses à éviter

Certaines phrases insidieuses ou des comportements maladroits risquent de vous barrer définitivement l'accès au poste recherché. Pour les éviter, imaginez à chaque phrase l'interprétation qu'un recruteur pourra faire de vos propos. Comme vous le savez, chaque médaille a son revers... et toute vérité n'est pas bonne à dire (ou à écrire).

Voici quelques exemples de messages dangereux à diffuser :

Votre angoisse

Exemple : *Je cherche désespérément un emploi depuis un an.*

Qui a envie d'embaucher un désespéré ? Vous êtes au chômage depuis longtemps et cette situation vous est pénible, certes.

À SAVOIR

Les comportements à risque

- Mentir, annoncer que l'on est titulaire d'un diplôme qu'on a failli avoir, mais qu'on n'a pas eu, prétendre que l'on a occupé un poste qu'on briguait mais que l'on n'a pas obtenu sont des plans dangereux.
Vous risquez en entretien, d'être confondu par les questions de l'employeur.
- Rejeter la responsabilité de vos échecs sur les autres. Votre famille ne vous a pas compris, vos supérieurs ne vous ont pas fait confiance, vos collègues ont cherché à vous nuire... : ou vous êtes vraiment poursuivi par la malchance, ou vous n'avez jamais su prendre vos responsabilités.
- Vous vanter d'avoir gagné au Conseil de Prud'hommes. Qui a envie d'engager un employé procédurier ?
- Afficher une ambition démesurée.
Votre futur patron aurait peur que vous ne briguiez son propre poste, ou que vous ne le quittiez au bout d'un an faute d'avoir obtenu la promotion que vous souhaitiez.

Exprimez ce que vous pouvez apporter à l'entreprise de manière factuelle et précise.

CONSEILS

Attention aux lettres mal présentées

Papier douteux et orthographe approximative dénotent un caractère négligent, peu soigneux et peu respectueux des autres. Elles sont incompatibles avec une image valorisante.

Avant de citer dans votre lettre une de vos relations, assurez-vous de son accord.

À SAVOIR

Ne faites pas état d'informations fausses sur l'entreprise

Vous voulez montrer que vous vous intéressez à elle, et vous avez raison, mais vérifiez bien vos sources. Rien n'est plus nuisible que des renseignements faux ou complètement dépassés ; actualisez vos connaissances si elles datent de plus de trois mois.

C'est votre préoccupation actuelle, pesante et pressante, mais ce n'est pas le fait le plus valorisant de votre parcours. Insistez plutôt sur votre disponibilité immédiate.

Une situation personnelle délicate

Exemple : *Je suis divorcée et j'ai quatre enfants à charge.*

Un employeur peut craindre que cette lourde charge de famille n'enfreigne votre liberté d'esprit et votre disponibilité. Il cherche une personne qui lui apporte une solution, pas quelqu'un qui lui pose des problèmes.

Votre désarroi

Exemple : *Mes enfants sont maintenant élevés et je m'ennuie chez moi.*

Travailler pour se distraire n'est pas la meilleure des motivations. L'employeur peut craindre qu'à la première difficulté, vous ne baissiez les bras, et que vous ne vous investissiez jamais vraiment dans votre travail.

Votre nonchalance

Exemple : *J'ai quitté cette entreprise parce que les horaires étaient trop lourds.*

Les employeurs n'aiment guère qu'on soit avare de son temps.

Le manque d'adaptabilité

Exemple : *J'ai quitté la société X parce que je ne m'entendais pas avec la nouvelle direction.*

Auriez-vous un caractère difficile ? des difficultés relationnelles avec toute autorité ou toute hiérarchie ?

L'accent sur vos points faibles

Exemple : *Je suis persuadé de pouvoir m'intégrer facilement malgré mon manque d'expérience.*

Le recruteur n'y avait pas attaché une grande importance, mais, puisque vous insistez...

La structure de votre lettre

Une lettre de motivation efficace est courte :
elle se limite à quatre paragraphes, sur une seule page.

Leur contenu varie selon le destinataire de la lettre.
Voici comment les décliner.

La réponse à une annonce

Le texte de l'annonce est le fil conducteur de votre lettre. Décryptez-le soigneusement afin de répondre le plus complètement possible aux critères de sélection.
La phase préliminaire est l'analyse de l'annonce.
Relevez dans le texte les caractéristiques du profil du candidat demandé. Séparez les critères objectifs, formation, expérience, niveau de langues, et les critères subjectifs, qualités.

Exemple d'annonce

Société Service RELANCE CLIENTS
Le Kremlin-Bicêtre (94)
recherche
JEUNE FEMME

25/30 ans, dynamique, organisée,
sens des contacts pour relance clients
et suivi règlements
Maîtrise Word et Excel exigée

Envoyer lettre manuscrite + CV à ...

Exemple de lettre page 107

Premier paragraphe

Indiquez aussi précisément que possible les données de l'annonce : le nom du journal, la date de parution, et le poste qui vous intéresse, si l'annonce en propose plusieurs, ainsi que le numéro de référence indiqué.
Vous pouvez aussi reprendre les principaux traits du profil demandé pour enchaîner sur votre propre parcours.

CONSEIL

Comment préparer votre lettre ?
Votre CV apporte des réponses aux critères objectifs. Votre lettre doit, elle, mettre l'accent sur vos qualités, en les illustrant d'exemples concrets. Recherchez dans votre bilan toutes vos activités, personnelles ou professionnelles, qui en attestent.

Il est normal que vous pensiez à votre évolution de carrière mais cette information n'a pas d'intérêt pour votre employeur.

À SAVOIR

Analyse de l'annonce
- Les critères objectifs :
- âge : 25/30 ans,
- maîtrise Word et Excel.
Avez-vous l'âge et les compétences requis ?
- Les critères subjectifs :
- qualités : dynamisme, méthode, sens des contacts.
Possédez-vous ces qualités ? Pouvez-vous les justifier par votre expérience antérieure, ou vos activités extra-professionnelles ?

À SAVOIR

La lettre de motivation en quatre paragraphes :

1. La raison pour laquelle vous contactez cette entreprise.
2. Ce que vous pouvez lui apporter.
3. Votre CV lui en dit plus.
4. Vous remerciez et vous saluez.

(Voir exemples de lettres page 103 et suivantes)

À SAVOIR

Faut-il évoquer les résultats d'un bilan de compétences ?

C'est évidemment un atout si les conclusions du bilan montrent que vous avez le profil de l'emploi que vous recherchez. Terminez le deuxième paragraphe de votre lettre par une phrase comme : « Je pense avoir les compétences que vous recherchez ; c'est d'ailleurs ce que laisse penser le bilan de compétences que j'ai passé le … »

Une variante : vous donnez les références de l'annonce avant de commencer votre lettre :
Votre annonce du 25 janvier 20..- l'Express - Ref : 587.

Deuxième paragraphe

Vous faites ressortir l'adéquation de votre propre profil avec celui du candidat recherché. Reprenez point par point les éléments de l'annonce et essayez toujours de démontrer ce que vous avancez, résultats à l'appui.
Si l'annonce le précise, indiquez à la fin du paragraphe vos prétentions de salaire *(rendez-vous page 22)*.

Troisième paragraphe

Vous annoncez votre CV et vous faites part de votre intention de reprendre contact quelques jours plus tard (un délai d'une semaine est raisonnable).

Quatrième paragraphe

Vous prenez congé par une formule de politesse sobre, sans humilité.

La candidature spontanée

La démarche est un peu différente, puisque vous ne savez pas précisément, *a priori*, quel genre de candidat peut intéresser l'entreprise. Vous ne pouvez donc pas répondre à ses attentes. Votre lettre doit seulement expliquer qui vous êtes, et en quoi vous pouvez être une valeur sûre pour l'entreprise, le jour où un poste correspondant au vôtre se libérera.

Premier paragraphe

Vous exprimez la raison pour laquelle vous avez choisi de contacter cette entreprise ; c'est ici que vous montrez que vous vous êtes informé sur la société.

Deuxième paragraphe

Vous mettez en valeur vos points forts, en fonction des activités de l'entreprise, ou du poste auquel vous prétendez.

Troisième paragraphe

Vous annoncez votre CV et vous provoquez l'entretien.

Quatrième paragraphe

Vous prenez congé.

La recherche de stage

Premier paragraphe

Indiquez les études suivies, le diplôme préparé et le motif de votre stage : stage d'observation (au collège ou au lycée), de mise en pratique de certaines connaissances (diplômes professionnels et études supérieures), stage obligatoire dans le cursus scolaire ou universitaire, ou stage facultatif cherché à titre personnel pour diversifier vos expériences et enrichir votre CV. Indiquez également la durée et éventuellement les dates prévues.

Deuxième paragraphe

Comme dans toute candidature spontanée, expliquez la raison qui vous a conduit à choisir cette entreprise, le lien entre son activité et vos études. Évoquez ensuite l'expérience que vous avez acquise dans vos précédents stages.

Si vous êtes lycéen, parlez de vos projets professionnels. Citez les quelques services que vous pensez pouvoir rendre : classement, photocopies, envois... Montrez votre bonne volonté. Un stagiaire est souvent une charge pour un service, car il faut l'informer, lui expliquer l'organigramme, le fonctionnement de l'entreprise...

Troisième paragraphe

Annoncez votre CV. Notez cependant que ce CV n'est pas, pour une demande de stage, obligatoire ; vous pouvez fort bien vous limiter à une seule lettre de prospection, surtout si vous n'avez encore jamais eu d'expérience dans un milieu professionnel *(voir exemples de lettres page 145)*.

Quatrième paragraphe

Vous prenez congé par une formule classique.

À condition d'être ce stagiaire dont on vante la bonne volonté, dont on admire la rapidité d'assimilation, la discrétion et l'autonomie, et qu'on déplore de voir partir une fois le stage terminé, vous vous donnez toutes les possibilités d'être intégré.

À SAVOIR

Vos stages : les attentes de l'entreprise

A diplôme égal, c'est la durée et la qualité des stages qui départagent les candidats. Vous pourrez aussi, grâce à eux, affiner votre projet professionnel et commencer à constituer votre réseau relationnel, compléter vos connaissances, exercer votre savoir-faire, bref, devenir opérationnel. Vous attendez de l'entreprise conseils et formation. Que peut attendre une entreprise du stagiaire qu'elle accueille ? Qu'il soit :

- intelligent et débrouillard, car former prend du temps,
- motivé et travailleur, car il doit se rendre utile.

À SAVOIR

Lettre pour solliciter un stage

- Annoncez votre projet professionnel.
- Mettez en valeur ce que vous pensez pouvoir apporter à l'entreprise : vos qualités et vos compétences, même si elles sont limitées. Vous prouverez ainsi votre bonne volonté.

Mettre un pied dans une entreprise, c'est courir la chance d'y être embauché.

La réalisation de votre lettre

Le contenu de votre lettre étant défini, le brouillon étant mis au point, il est temps de passer à la réalisation pratique. Ce n'est pas un point de détail, car, vous le savez, **la présentation a une influence évidente** : un mets savoureux est encore bien meilleur servi sur une belle assiette, un cadeau offert dans un bel emballage fait encore plus plaisir. La lettre de motivation ne déroge pas à ce principe.

Procurez-vous d'abord de bons outils, respectez une présentation homogène, soignez votre style et choisissez soigneusement votre vocabulaire. **Soyez rigoureux dans les moindres détails**. Le soin que vous apporterez à la réalisation de votre lettre plaidera en votre faveur.

Vos outils

Procurez-vous des «outils» de bonne qualité. L'investissement est justifié : un papier transparent ou pire, une feuille de bloc quadrillé, une pointe bille qui bave font une déplorable impression sur l'employeur le plus bienveillant. Quant aux gribouillis et aux ratures, ils condamnent la lettre avant même qu'elle soit lue.

À SAVOIR

SOS écriture illisible
Votre écriture est vraiment indéchiffrable ? Vous êtes persuadé qu'elle rebutera l'employeur le plus bienveillant ? Optez pour l'une de ces solutions :

- joignez à votre lettre manuscrite une copie dactylographiée,
- saisissez sur ordinateur le corps du texte, et rédigez à la main la formule de politesse.

Vous faciliterez le travail du recruteur qui vous sera reconnaissant pour cette délicate attention.

À SAVOIR

La graphologie au secours des timides
Fragilisés par le stress de la recherche d'emploi, les timides perdent parfois leurs moyens. Lettre maladroite et CV banal cachent parfois des personnalités riches que la graphologie révèle à l'employeur. Il sera plus attentif, et plus chaleureux.
Si vous doutez de vos qualités, vous pouvez consulter un graphologue à titre personnel. Consultez le Groupement des Graphologues conseils (cf le carnet d'adresses page 155)

Le papier et l'enveloppe

La simplicité recueille tous les suffrages. Achetez un bloc de papier blanc uni de grammage 80 g minimum, avec un guide-ligne. Le papier de couleur est à éviter. Seule fantaisie permise : le papier imprimé ou gravé à votre en-tête.
Un document sans pliage est toujours plus agréable à lire. Vous allez envoyer votre lettre accompagnée de votre CV et, éventuellement, d'une liste de références ; pour un envoi de 3 pages, procurez-vous des enveloppes format 21x29,7, blanches si possible.

Le stylo

Plume, feutre ou bille ?
Le stylo à plume est incontestablement plus élégant. Utilisez de l'encre noire, ou bleu foncé. Réservez l'encre verte, violette ou rouge à votre usage privé. Mais pour que votre écriture soit assurée, il faut que vous ayez l'habitude de l'utiliser. Si vous n'êtes pas à l'aise avec un stylo à plume, préférez un feutre de très bonne qualité, noir ou bleu. La bille est à éviter, car elle marque le papier, et risque de couler.

Le brouillon

L'usage de l'ordinateur, qui saisit, annule, imprime, coupe, colle en quelques secondes, nous a fait oublier les brouillons de nos rédactions scolaires.
C'est le moment de les retrouver. À moins d'être particulièrement doué, il est rare de pouvoir rédiger sa lettre de motivation sans hésitations ni ratures. Le brouillon papier présente l'immense avantage de garder la trace de ce que l'on a écrit, puis rayé. Car ces premiers jets sont parfois les meilleurs, sur le fond, si ce n'est sur la forme.
Ne craignez pas de noircir du papier ; c'est en travaillant et retravaillant son texte que l'on parvient à un bon résultat : une lettre bien structurée et claire.

L'écriture

L'usage veut que les lettres de motivation soient manuscrites. Cette coutume est souvent mal ressentie par les candidats habitués à rédiger leur courrier sur ordinateur. La plupart assurent d'ailleurs avoir une écriture difficilement lisible. Or, une lettre illisible est le signe d'un manque de respect total envers l'employeur. Que faire si vous écrivez vraiment très mal lorsque la petite annonce à laquelle vous répondez demande impérativement une lettre manuscrite ? Appliquez-vous le plus possible. Mais attention, par souci de bien faire, ne commettez pas ces maladresses :

- travestir complètement votre écriture,
- rédiger votre lettre en caractères majuscules,
- faire écrire votre lettre de motivation par une tierce personne sous prétexte que vous écrivez mal.

Ces procédés tiennent de la duperie et risquent de vous faire éliminer.

Sachez que la maladie, la lassitude et tous les sentiments intenses (colère, passion, joie, dépression...) se traduisent dans l'écriture. Évitez donc d'écrire vos lettres si vous êtes grippé, fatigué, ou sous le coup d'une émotion. D'autre part, mentionnez vos particularités : vous êtes gaucher, le français n'est pas votre langue maternelle, vous vous êtes cassé le poignet et n'avez pas complètement récupéré l'usage de votre main...
N'envoyez pas de copies de votre lettre : c'est incorrect à l'égard de l'employeur, et les graphologues ne travaillent que sur des originaux.
La graphologie est un outil de conseil souvent utilisée par les entreprises, pour établir un avis de concordance entre les caractéristiques d'un poste et le profil d'un candidat. Le graphologue n'émet pas de jugement de valeur dans l'absolu, mais seulement par rapport à des critères bien précis.
L'employeur qui commande l'étude y trouve un intérêt certain. Et le candidat ? Il ne peut s'opposer à l'analyse graphologique de sa lettre, mais il peut en demander les résultats. Ce n'est pas inutile, car ils lui permettent de mieux se connaître, et par conséquent de mieux cibler sa recherche, ou d'éviter certains écueils.

À SAVOIR

Le rôle de la graphologie

• Déterminer le type de personnalité requis pour un poste donné.
Une qualité pour telle fonction peut être un défaut pour telle autre : un timide casanier ne donnera pas le meilleur de lui-même dans une fonction commerciale de terrain, un mobile nerveux ne s'épanouira pas dans un poste administratif.

• Analyser l'environnement professionnel
Le contexte psychologique a une influence sur les performances : certains sont dynamisés par les défis, d'autres sont paralysés et inhibés dans les mêmes circonstances. Les premiers s'endorment et s'étiolent dans une ambiance sécurisante qui rassure et épanouit les seconds.
L'étude graphologique permet d'évaluer également les chances de réussite d'une collaboration entre deux personnes : une assistante de direction et son patron, un directeur des ventes et son attaché commercial. Complémentaires et complices ou opposés et rivaux ?
À compétences techniques strictement égales, deux personnes peuvent avoir des chances de réussite très différentes.

De nombreux candidats se connaissent mal et se définissent tout aussi mal.

La rédaction mode d'emploi

Pour ne pas sécher pendant de longues minutes devant votre brouillon, appliquez une méthode qui a fait ses preuves.

CONSEIL

Pourquoi ne pas bluffer ?
Un diplôme raté de deux points, un poste dont on a assumé les fonctions sans en avoir le titre ; il est tentant d'enjoliver un peu la réalité mais c'est dangereux.
Un jour ou l'autre, et probablement dès l'entretien, vous devrez prouver ce que vous avancez : montrer un diplôme, justifier un titre.
Si vous êtes convaincu d'avoir menti, on ne vous le pardonnera pas. Car si vous êtes si peu scrupuleux, pour ne pas dire malhonnête, dans votre recherche d'emploi, pourra-t-on vous faire confiance dans votre vie professionnelle ? Votre réputation sera vite établie. Les recruteurs apprécient les candidats qui savent reconnaître leurs erreurs passées, leurs torts, leurs faiblesses, surtout lorsqu'ils montrent qu'ils en ont tiré un enseignement positif pour l'avenir. Pas ceux qui ont essayé de les tromper.

Un candidat qui a volontairement falsifié son CV n'a pas à craindre, en principe, l'annulation de son contrat de travail, mais il est définitivement « classé » et peut dire adieu à toute promotion.

• **Dressez d'abord la liste de tous les messages à faire passer dans votre lettre.** Exprimez-les dans vos termes à vous, en style télégraphique, pêle-mêle, au fur et à mesure que les idées vous viennent à l'esprit. Dans ce premier temps, ne cherchez surtout pas à ordonner vos idées.

• **Classez ensuite ces idées dans un ordre logique :**
- les raisons pour lesquelles l'annonce ou l'entreprise vous intéresse,
- la concordance de votre profil avec l'annonce,
- les points forts de votre parcours professionnel, ou de votre personnalité si vous faites une candidature spontanée...

• **Retravaillez ensuite chaque phrase, et chaque paragraphe :** «élaguez» les mots inutiles qui alourdissent la lettre, remplacez les mots vagues par des termes plus précis, les répétitions par des synonymes.

• **Condensez votre texte.**
Vous voulez, par exemple, expliquer : *«Je me suis arrêtée de travailler pendant trois ans pour élever mes enfants, mais j'en ai profité pour suivre des cours d'anglais et d'informatique.»*
Supprimez les mots superflus. Votre phrase, plus brève, sera plus forte. Elle devient : *«De 1990 à 1993, années consacrées à mes enfants, j'ai suivi des cours d'anglais et d'informatique.»* Vous avez «gagné» deux lignes.

• **Relisez attentivement votre texte pour vérifier que les idées s'enchaînent bien,** que vos propos sont cohérents, et que vous répondez bien aux critères annoncés (dans le cadre d'une réponse à une petite annonce) ou supposés (si vous faites une candidature spontanée) de l'entreprise.

L'usage des mots

Vous n'êtes pas un passionné de l'écrit, un inconditionnel de la plume ? Rassurez-vous, le talent littéraire n'est pas nécessaire pour rédiger une lettre de motivation percutante.

Le style

Le style doit être simple, direct, précis. Pour donner cette impression de clarté :
- rédigez des phrases courtes, de deux lignes maximum,
- résumez vos idées, ne délayez pas,
- évitez le «je» à chaque début de paragraphe ; commencez vos phrases par «vous», ou par un adjectif ou un participe présent,
- privilégiez les expressions toniques, les chiffres précis, les exemples positifs.

Le vocabulaire

Votre lettre doit être courte. Vous disposez de quatre paragraphes pour faire passer vos atouts. Il faut donc utiliser des mots précis et appropriés à votre situation, éviter les répétitions, qui dénotent un manque de réflexion, et les barbarismes, ainsi que les fautes de grammaire, qui révèlent un manque de vocabulaire ou d'attention. Pour donner à votre lettre de motivation une image tonique, utilisez des expressions actives, positives.

Consultez un dictionnaire de synonymes : il vous aidera à trouver le mot juste et à éviter les répétitions. À chaque phrase, interrogez-vous : quelle impression dégage-t-elle ? Donne-t-elle l'image de quelqu'un de positif, d'optimiste, de combatif ? Si elle laisse une impression de morosité ou de nonchalance, corrigez-en les termes.

À SAVOIR

Jouez sur les mots

Les mots donnent le ton, créent un climat, dessinent un profil. Soyez attentif à ne pas utiliser de mots qui pourraient vous desservir :

- les mots vagues : peu, beaucoup, de nombreux, la plupart, petit, grand, important, faible = quantifiez !
- les termes techniques, si vous ne vous adressez pas à une personne qui a la même formation que vous ; soyez accessible à tous !
- les termes anglo-saxons, qui sont prétentieux et démodés = si vous parlez bien l'anglais, mentionnez-le dans votre lettre et votre CV, c'est plus utile !
- les termes à la mode qui marquent votre âge = restez sobre !
- les termes pessimistes qui donnent une impression de tristesse : problème, échec, revers, embarras, doute... = soyez optimiste !

Une lettre bien formulée est beaucoup plus efficace qu'une lettre approximative.

Evitez

- Le style administratif
«Je vous adresse par la présente mon CV...»

- Le style plaintif
«Au chômage depuis plus d'un an, je ne sais plus vers qui me tourner.»

- Le style agressif
«Comment se fait-il que vous n'ayez pas pu conquérir le marché de la Chine ?»

- Le devoir
«Je dois trouver un emploi».
«Il faut que je trouve un emploi.»

- Le style pompeux
«J'ai l'honneur de solliciter de votre haute bienveillance un entretien.»

- Le style vantard
«Je suis un battant et j'atteins toujours les objectifs que je me suis fixés.»

- Le style quémandeur
«Je vous prie instamment d'examiner ma candidature.»

- Le style négatif
«Je n'ai pas réussi à juguler le déficit du service.»

- Les termes passifs
«Dans l'espoir de votre appel.»

- Le style dubitatif
«Je pense pouvoir exercer cette fonction.»

- Les adjectifs exagérés
«Une expérience grandiose, un stage hyperintéressant.»

Préférez

- Le style tonique
«Le CV que je joins à cette lettre vous donnera un aperçu de mon parcours.»

- Le style positif
«Je suis disponible immédiatement.»
(vous transformez un handicap en avantage pour l'employeur)

- Le style constructif
«J'aimerais vous soumettre quelques idées au sujet de l'ouverture du marché en Chine.»
Quel recruteur n'aurait pas envie de vous rencontrer ?

- La motivation
«Ma personnalité est faite pour ce poste.»

- Le style direct
«Je me propose de vous contacter la semaine prochaine pour prendre rendez-vous.»

- Les preuves
«En cinq ans, j'ai augmenté le chiffre d'affaires de la succursale de 30%.»

- L'optimisme
«Persuadé que ma candidature vous intéressera.»

- Le style positif
«Dans une conjoncture très difficile, je suis parvenu à limiter le déficit du service.»

- Les verbes d'action
«Je me permettrai de vous appeler dans une semaine pour prendre des nouvelles de ma candidature.»

- Le style assuré
«Je suis certain de pouvoir être efficace dans cette fonction» ne laisse pas de doute sur vos capacités.

- Des termes mesurés
«Une expérience fort intéressante, un stage très formateur» sont plus crédibles.

Lexique de termes dynamiques avec quelques-uns de leurs synonymes

- **j'ai accompli** = j'ai réalisé, exécuté, opéré
- **j'ai acheté** = j'ai acquis
- **j'ai achevé** = j'ai conclu, liquidé, terminé
- **j'ai actualisé** = j'ai modernisé, rénové
- **j'ai adapté** = j'ai ajusté
- **j'ai administré** = j'ai géré
- **j'ai amélioré** = j'ai perfectionné
- **j'ai analysé** = j'ai étudié
- **j'ai animé** = j'ai entraîné, motivé, dynamisé
- **j'ai appliqué** = j'ai mis en œuvre
- **j'ai appris** = j'ai enseigné
- **j'ai approvisionné** = j'ai alimenté
- **j'ai arbitré** = j'ai départagé
- **j'ai assisté** = j'ai accompagné, secondé, soutenu
- **j'ai associé** = j'ai adjoint, réuni
- **j'ai augmenté** = j'ai amplifié, développé, étendu
- **j'ai calculé** = j'ai comptabilisé, budgété
- **j'ai cautionné** = j'ai validé
- **j'ai changé** = j'ai modifié, transformé
- **j'ai choisi** = j'ai élu, nommé, sélectionné
- **j'ai classé** = j'ai rangé
- **j'ai collaboré** = j'ai concouru, contribué, coopéré, participé, partagé
- **j'ai communiqué** = j'ai transmis, démontré, informé
- **j'ai conçu** = j'ai créé, imaginé, édifié, inventé
- **j'ai consolidé** = j'ai affermi,
- **j'ai consulté**
- **j'ai construit** = j'ai bâti, édifié, monté
- **j'ai continué** = j'ai entretenu
- **j'ai contrôlé** = j'ai surveillé, vérifié, supervisé
- **j'ai créé** = j'ai conçu, élaboré, imaginé
- **j'ai défini** = j'ai déterminé
- **j'ai demandé** = j'ai réclamé, revendiqué, sollicité
- **j'ai décidé** = j'ai résolu
- **j'ai démarré** = j'ai déclenché, mis en route
- **j'ai diminué** = j'ai réduit
- **j'ai dirigé** = j'ai présidé, encadré, conduit, maîtrisé
- **j'ai distribué** = j'ai diffusé, réparti, ventilé
- **j'ai économisé** = j'ai épargné
- **j'ai écrit** = j'ai composé, rédigé
- **j'ai édité** = j'ai publié
- **j'ai éliminé** = j'ai supprimé, enlevé, ôté
- **j'ai employé** = j'ai utilisé
- **j'ai engagé** = j'ai embauché, recruté
- **j'ai enseigné** = j'ai appris, conseillé, initié
- **j'ai entretenu**
- **j'ai envoyé** = j'ai émis, distribué
- **j'ai essayé** = j'ai testé
- **j'ai établi** = j'ai institué, instauré
- **j'ai évalué** = j'ai estimé
- **j'ai examiné** = j'ai observé, enquêté
- **j'ai expérimenté**
- **j'ai exploité** = j'ai rentabilisé
- **j'ai fabriqué** = j'ai produit, réalisé
- **j'ai fermé** = j'ai clos,
- **j'ai formulé** = j'ai exprimé
- **j'ai fourni** = j'ai produit, remis
- **j'ai gagné**
- **j'ai identifié** = j'ai reconnu
- **j'ai incité** = j'ai motivé, sensibilisé, suggéré
- **j'ai installé** = j'ai établi, implanté, institué, instauré
- **j'ai intégré**
- **je suis intervenu** = j'ai agi
- **j'ai introduit** = j'ai lancé, présenté
- **j'ai investi**
- **j'ai modifié** = j'ai réformé
- **j'ai négocié** = j'ai discuté, manœuvré, monnayé
- **j'ai normalisé** = j'ai standardisé
- **j'ai obtenu** = j'ai gagné
- **j'ai opté** = j'ai choisi
- **j'ai ordonné** = j'ai commandé, exigé
- **j'ai organisé** = j'ai agencé, aménagé, planifié, préparé
- **j'ai orienté** = j'ai dirigé
- **j'ai ouvert** = j'ai élargi
- **j'ai persuadé** = j'ai convaincu
- **j'ai posé** = j'ai installé
- **j'ai présenté** = j'ai offert, proposé
- **j'ai prévu** = j'ai anticipé, planifié, projeté
- **j'ai promu** = j'ai lancé
- **j'ai recensé** = j'ai inventorié, répertorié
- **j'ai recherché** = j'ai prospecté
- **j'ai recommandé** = j'ai préconisé, conseillé
- **j'ai redressé** = j'ai corrigé
- **j'ai réglé** = j'ai résolu
- **j'ai remis** = j'ai délégué
- **j'ai renforcé** = j'ai affermi
- **j'ai assumé la responsabilité** = j'ai pris en charge
- **j'ai résumé** = j'ai synthétisé
- **j'ai réussi** = j'ai obtenu
- **j'ai révisé** = j'ai vérifié
- **j'ai structuré** = j'ai organisé
- **j'ai supprimé** = j'ai éliminé
- **j'ai traduit** = j'ai interprété
- **j'ai vendu** = j'ai commercialisé

Les expressions

Habitués au langage audiovisuel, nous perdons le sens de l'écrit.

S'exprimer dans un français châtié est difficile lorsque les grands auteurs classiques ne sont pas vos compagnons de lecture.

Voici quelques fautes courantes à éviter

- On dit : *Je vous prie de croire, Monsieur,* **à** *l'expression de mes sentiments distingués*
et non : *Je vous prie de croire, Monsieur,* **en** *l'expression de mes sentiments distingués*
- On dit : *La commercialisation de ce produit* **a soulevé une** *difficulté*
et non : *La commercialisation de ce produit* **a posé problème**
- On dit : **Pour ce qui est de** *la gestion des stocks ou* **en ce qui concerne** *la gestion des stocks*
et non : **Au niveau de** *la gestion des stocks*
- On dit : *Le sujet m'***est indifférent** *(ou* **insupportable***)*
et non : *Le sujet m'***indiffère** *(ou m'***insupporte***)*
- On dit : *La restructuration de ce service* **a entraîné** *une économie des coûts de transport de 10%*
et non : *La restructuration de ce service* **a généré** *une économie des coûts de transport de 10%*
- On dit : *J'ai* **résolu** *la question du transport*
et non : *J'ai* **solutionné** *la question du transport*
- On dit : *J'ai vu votre annonce* **dans** *le journal*
et non : *J'ai vu votre annonce* **sur** *le journal*
- On dit : **Quant** *à moi*
et non : **Tant** *qu'à moi*
- On dit : *J'ai* **apuré** *les comptes*
et non : *J'ai* **épuré** *les comptes*
- On dit : *J'ai* **commencé** *cette activité en juin...*
et non : *J'ai* **débuté** *(ou* **démarré***) cette activité en juin...*
- On dit : *J'ai acquis une solide* **expérience** *dans ce secteur*
et non : *J'ai acquis une solide* **expertise** *dans ce secteur*
- On dit : *J'ai remédié au* **manque de communication** *entre les services*
et non : *J'ai remédié au* **déficit relationnel** *entre les services*
- On dit : *J'ai* **mis au point** *ce projet*
et non : *J'ai* **finalisé** *ce projet*
- On dit : *Il* **s'avère que** *l'expérience fut positive*
et non : *Il* **s'avère vrai** *que l'expérience fut positive*
- On dit : *J'ai été* **désigné** *(ou* **nommé***)*
et non : *J'ai été* **nominé**
- On dit : *La* **portée** *de cette décision*
et non : *La* **dimension** *de cette décision*
- On dit : *Je prépare l'***examen** *de ...*
et non : *Je prépare le* **diplôme** *de ...*
- On dit : *J'ai été* **induit** *en erreur*
et non : *J'ai été* **enduit** *en erreur*

Les mots justes

Attention aux barbarismes, mots employés indûment, et aux termes familiers ou «branchés» qui coulent dans le langage parlé, mais qui accrochent à l'écrit.

On écrit :	Et non :
attitude	gestuelle
avantage	plus
boutique	espace
durer	perdurer
environnement	contexte
état d'esprit	mental
facile	évident
prévoir	anticiper
rassurer	sécuriser
résoudre	solutionner
retenir	mémoriser
scénarios	scénarii
secteur	créneau
situer	positionner

Les pièges du genre : masculin ou féminin ?

- un adage
- un amiante
- un apogée
- un asphalte
- un astérisque
- un augure
- un éloge
- un emblème
- un hémisphère
- un horaire
- un insigne
- un libellé
- un opuscule
- un orifice
- un opprobe

- une acoustique
- une algèbre
- une atmosphère
- une autoroute
- une échappatoire
- une égide
- une enzyme
- une éphéméride
- une épitre
- une équivoque
- une interview
- une oasis
- une optique
- une oriflamme
- des prémisces

CONSEIL

SOS orthographe

Qu'elles soient commises par ignorance ou par étourderie, les fautes d'orthographe sont rédhibitoires.
Consultez un dictionnaire à la moindre hésitation.
Et si vous êtes définitivement fâché avec l'orthographe, demandez conseil à une personne plus qualifiée que vous : un parent, un ami, un enseignant, une personne du service emploi de votre mairie, ou le secrétaire de mairie si vous vivez dans une petite commune.

Les faux amis

Voici quelques mots qu'il est fréquent de confondre :

- **acceptation** = accord
- **acquis** = expérience
- **alternative** = choix entre deux possibilités
- **amener** = faire venir
- **amener** = personne
- **assumer** = prendre la responsabilité d'une tâche
- **avenir** = les mois, les années à venir (an *2002 par ex.)*
- **censé** = supposé
- **clore** = mettre un point final
- **complexe** = composé d'éléments divers
- **décade** = dix jours
- **dénombrer** = faire le compte
- **différent** = autre
- **évoquer** = rappeler
- **expansion** = développement
- **extrêmement** = très
- **fonds** = ressources
- **identique** = semblable
- **irruption** = entrée soudaine
- **juridique** = relatif au droit
- **nouveau** = qui vient d'apparaître
- **opportunité** = qui arrive au bon moment
- **pause** = répit
- **pécuniaire** = en rapport avec l'argent
- **pétrolier** = en rapport avec le pétrole
- **pire** = plus mauvais
- **prolongation** = allongement dans le temps
- **production** = quantité de produits
- **risque** = conséquence négative
- **technique** = en rapport avec un domaine particulier de la science
- **variante** = autre version

- **acception** = sens d'un mot
- **acquit** = quittance
- **alternance** = succession d'événements
- **emmener** = éloigner
- **apporter** = objet
- **assurer** = effectuer concrètement une tâche
- **futur** = avenir lointain (an 2300 par ex.)
- **sensé** = qui a du bon sens
- **clôturer** = entourer d'une clôture
- **compliqué** = difficile à comprendre
- **décennie** = dix ans
- **décompter** = soustraire
- **différend** = désaccord
- **invoquer** = donner en justification
- **extension** = allongement
- **excessivement** = trop
- **fond** = partie la plus basse
- **analogue** = du même genre
- **éruption** = sortie soudaine
- **judiciaire** = relatif à la justice
- **neuf** = qui n'a jamais servi
- **occasion** = possibilité
- **pose** = attitude
- **pécunier** = ce mot n'existe pas !
- **pétrolifère** = qui contient du pétrole
- **pis** = plus mal
- **prolongement** = allongement dans l'espace
- **productivité** = capacité à produire
- **chance** = conséquence positive
- **technologique** = en rapport avec l'étude des techniques
- **variation** = modification.

La présentation

Pour que votre lettre soit agréable à l'œil et prédispose favorablement l'employeur à votre égard, elle doit être bien présentée, c'est-à-dire que le texte doit être harmonieusement rédigé.

Certaines mentions indispensables doivent aussi y figurer.

L'en-tête

Elle donne votre identité ; elle est essentielle, puisqu'elle permet de vous identifier. Ne l'oubliez pas, même si votre lettre est agraphée à votre CV.

Indiquez, en haut et à gauche de la feuille, à 1 cm du bord :

- Votre prénom en minuscules.

Il ne doit pas être précédé de Monsieur, Madame, Mademoiselle, encore moins de M., Mme, Melle.

Ne vous contentez pas de l'initiale.

Si vous portez un prénom mixte, vous pouvez mentionner (M) ou (F) après votre nom de famille, à moins que le contenu de votre lettre ne laisse pas d'ambiguïté sur votre sexe.

- Votre nom en majuscules.
- Votre adresse complète, avec le code postal de votre ville.
- Votre numéro de téléphone en précisant s'il s'agit du domicile ou du bureau, et les heures auxquelles on peut vous joindre.
- Votre numéro de portable.
- Votre numéro de fax éventuellement.

Bruno LANGEAIS
5, rue Neuve
77210 SAMOREAU
tél. 00 00 00 00 00 après 18 h
portable 00 00 00 00 00

À SAVOIR

Quels titres donner ?

- avocat, commissaire-priseur, huissier de justice, notaire : «maître»
- chirurgien-dentiste, médecin, vétérinaire : «docteur»

À SAVOIR

Les titres au féminin

La féminisation des titres est un sujet de querelle entre les linguistes. Si vous ne connaissez pas la préférence de la dame à laquelle vous écrivez, choisissez entre la version classique : Madame le ..., ou la version moderne, Madame la ... L'un et l'autre se dit, ou se disent.

À SAVOIR

Faut-il donner son numéro de portable ?

Idéal pour vous joindre partout et à toute heure, le portable présente un inconvénient : celui de vous rendre accessible dans un endroit où une conversation sérieuse et qui requiert une certaine discrétion est difficile à mener. Éteignez votre portable lorsque vous n'êtes pas en mesure de répondre calmement et posément à un interlocuteur professionnel.

CONSEIL

Pour identifier le nom de la personne à joindre

Vous pouvez consulter les annuaires professionnels (rendez-vous au carnet d'adresses), mais il est préférable de vérifier l'information directement auprès de l'entreprise ; vous ne seriez pas crédible si vous adressiez un courrier à un responsable du personnel qui n'est plus en poste depuis un an. Téléphonez à l'entreprise et demandez au standard : «Pourriez-vous, s'il vous plaît, me rappeler le nom exact de ... (votre directeur financier, votre chef des ventes...) ?» Si on vous demande pourquoi, répondez que vous avez un courrier à lui envoyer. Faites-vous épeler le nom afin de bien l'orthographier. Si votre interlocutrice est aimable, vous pouvez tenter d'en savoir plus sur l'organigramme de la maison, et en particulier sur le nom de la personne qui reçoit les candidatures.

Un courrier qui n'est pas ciblé risque de passer de service en service sans que personne le lise.

Le destinataire de votre lettre

Si vous répondez à une annonce, le nom de la personne à joindre est le plus souvent mentionné.
Dans le cadre d'une candidature spontanée, vous n'avez pas toujours connaissance du nom de la personne qui sera concernée par votre lettre. Il est indispensable de le chercher. Écrivez soit au directeur des Ressources humaines, qui est le premier concerné par une mutation, une démission, un licenciement, un départ à la retraite..., soit au directeur du service qui vous concerne, qui est le premier à connaître les besoins en personnel.
Soyez attentif aux titres ; certaines personnes sont très pointilleuses sur le sujet et pourraient se vexer si vous leur attribuiez une appellation qui ne leur revient pas.

Placez le nom du destinataire de votre lettre deux lignes sous votre identité, du côté droit de la feuille.
Indiquez la mention Monsieur, Madame en toutes lettres, suivie du nom en majuscules.
Mentionnez en dessous son titre si vous possédez ce renseignement. Puis le nom de l'entreprise. En dessous, l'adresse complète.

Madame Fabienne TARDIEU
SELCO S.A.
74, boulevard de Chanzy
93100 MONTREUIL

La date

Sous le nom du destinataire, indiquez la ville d'envoi, et la date en toutes lettres.

Dijon, le 6 décembre 20..

L'appellation

A gauche de la page, à la marge, ou à l'alinéa, inscrivez, selon le cas :
- Monsieur,
- Madame,
- Monsieur le Directeur,
- Madame la Présidente...

L'appellation Messieurs, trop généraliste, fait penser à une circulaire. Vous connaissez, en principe le nom ou le poste de la personne à laquelle vous écrivez.
Évitez les marques de familiarité, même si vous connaissez l'employeur : écrivez Madame, et non chère Madame Dubois. Vous exprimerez votre sympathie dans la formule de politesse.

Les marges et les alinéas

Respectez des marges égales pour chaque ligne :
- 3 cm à gauche au minimum
- 1 cm à droite

Commencez chaque paragraphe un peu plus un retrait, à 5 cm environ du bord gauche de la feuille.

Laissez environ 1,5 cm entre deux paragraphes.

Cette disposition du texte sur la feuille donnera une impression de clarté très agréable à l'œil.

La formule de politesse

Soyez sobre : «Je vous prie d'agréer, Monsieur (Madame), l'expression de mes salutations distinguées» est la formule la plus neutre.

Évitez les sentiments dévoués, les très respectueux hommages, un peu excessifs. Cependant il est courtois pour un lycéen qui cherche un stage d'adresser ses respectueuses salutations au chef d'entreprise qu'il sollicite.

La signature

Apposez votre signature environ 2 cm après la dernière ligne du texte, légèrement à droite de la page.

Votre signature doit être simple : évitez les boucles, les lettres enchevêtrées et les ronds sur les i.

Signez de votre prénom suivi de votre nom, ou de l'initiale de votre prénom suivie de votre nom : Philippe Girod, ou P. Girod. Mais ne signez pas Girod Philippe ou Girod P. Votre signature ne doit pas être précédée de M., Mme, Melle.

Les pièces jointes

Vous envoyez votre lettre avec votre CV, et parfois une liste de références.

La mention «Pièces jointes» signale au destinataire de l'envoi que des documents sont annexés à la lettre. C'est une mesure de prudence appréciable dans les grandes entreprises où le courrier n'est pas ouvert par son destinataire ou sa secrétaire, mais par un service général. Le CV peut se détacher de la lettre et être égaré.

Indiquez : P.J. = 1 ou P.J. = C.V. ou P.J. = 2

CONSEILS

Une lettre par entreprise

Chaque lettre de motivation doit impérativement être adaptée à son destinataire. Le texte va donc varier, selon les annonces auxquelles vous répondez, ou les entreprises auxquelles vous vous adressez. Cela signifie que vous devez écrire une lettre par employeur.

CONSEILS

Post-scriptum

Votre lettre est terminée.
Vous vous apercevez que vous avez omis une information intéressante pour l'employeur.
Faut-il la mentionner en P.-S. ?
Non.
Imaginez les réactions possibles du recruteur :
- il ne lit même pas le P.-S. et ne relève pas l'information ;
- il remarque le P.-S. mais note que vous êtes étourdi et que vous auriez pu penser à ce renseignement en préparant votre brouillon.

Recommencez votre lettre.

N'envoyez jamais de photocopies. C'est discourtois et inefficace.

Et pour terminer

Vous voici presque au bout de votre démarche. Ne relâchez pas votre effort : la relecture de votre lettre demande aussi votre attention.

CONSEIL

Check-up de la relecture

Vérifiez les points suivants avant d'envoyer votre lettre :

- Présentation :
  - propreté du papier à lettres,
  - netteté de l'écriture,
  - absence de ratures, de surcharges, de correcteur,
  - égalité des marges,
  - espacement des paragraphes,
  - absence de fautes d'orthographe,
  - choix judicieux des mots,
  - clarté du texte,
  - longueur du texte,
  - absence de répétitions.
- Texte :
  - réponses aux critères de l'annonce,
  - absence d'oubli,
  - mise en valeur des points forts,
  - exactitude des arguments avancés.

Relisez votre lettre avec un œil critique en prenant votre temps.

La relecture

Dernière étape avant l'envoi, la relecture n'est pas une simple formalité. Une faute d'orthographe, une erreur de syntaxe, une maladresse peuvent ruiner tous vos efforts de rédaction.
Souvenez-vous que la clé du succès réside dans la capacité à se mettre à la place du recruteur.
Examinez-la sous deux angles : le fond, c'est-à-dire le texte, et la forme, c'est-à-dire la présentation.

L'envoi

Si vous répondez à une petite annonce, n'attendez pas plusieurs jours pour envoyer votre lettre : le premier bon dossier de candidature arrivé sur le bureau du recruteur a les meilleures chances d'être retenu.

Vous rencontrez une personne que votre candidature pourrait intéresser ? Ne lui laissez pas le temps de vous oublier, envoyez-lui votre lettre le jour même, le lendemain au plus tard. L'idéal serait de la lui déposer ou de la lui faire porter dans les heures qui suivent votre entrevue. Cette rapidité prouve votre motivation et votre efficacité. Vous pouvez aussi, s'il vous le demande, lui adresser votre lettre par fax ou par e-mail. Mais cela ne vous dispense pas d'envoyer votre lettre aussi par voie postale.
Glissez votre lettre de motivation, votre CV et éventuellement une liste de références dans une grande enveloppe.
Inscrivez très lisiblement les nom et adresse du destinataire.
Affranchissez au juste tarif ; vérifiez le poids de votre enveloppe au bureau de poste si vous n'avez pas de pèse-lettre chez vous. Si votre pli n'est pas suffisamment affranchi, le destinataire devra payer une surtaxe, ou refuser l'envoi !

Fax et Internet : pour faire face à l'urgence

Ces outils de communication sont parfaits pour un message quasi instantané, mais présentent aussi quelques inconvénients.

Utilisez-les seulement si on vous le demande, et doublez toujours par un envoi postal.

Le fax

Il manque de discrétion : tout le monde peut récupérer votre lettre, et vous n'avez pas la garantie qu'elle arrive bien entre les mains de son destinataire. Pour éviter qu'elle ne s'égare, faites-la précéder d'une page de garde permettant de vous identifier, comme par exemple :

Béatrice LAURAY	
78, rue de la Source	*Destinataire :*
22000 Saint-Brieuc	*Date*
tél. 00 00 00 00 00	*Nombre de pages*
fax 00 00 00 00 00	*(y compris celle-ci) :*

Message : ...
Pout tout problème de transmission, contactez le 00 00 00 00 00

L'Internet

Le marché de l'emploi transite de plus en plus par ce moyen de communication ultra-rapide et peu coûteux (rendez-vous au carnet d'adresses). Saisissez votre lettre et votre CV, soit en candidature spontanée, soit en réponse à une annonce, en suivant les mêmes consignes que pour une lettre de motivation manuscrite.

À SAVOIR

Internet : mode d'emploi
Internet est le moyen idéal pour accéder, à moindre coût, à des contacts très variés et très nombreux. Exploitez cette piste en complément des moyens plus classiques.

À SAVOIR

Comment présenter votre recherche d'emploi sur le Net ?

- Déposez votre message sur l'un des nombreux sites emploi (rendez-vous au carnet d'adresses) ou sur le site d'une entreprise que vous avez sélectionnée.
- Mentionnez vos coordonnées complètes avec votre e-mail.
- Rédigez une accroche brève et percutante.
- Actualisez votre lettre régulièrement.
- Consultez chaque jour votre e-mail pour prendre connaissance des réponses.

Schéma de présentation d'une lettre

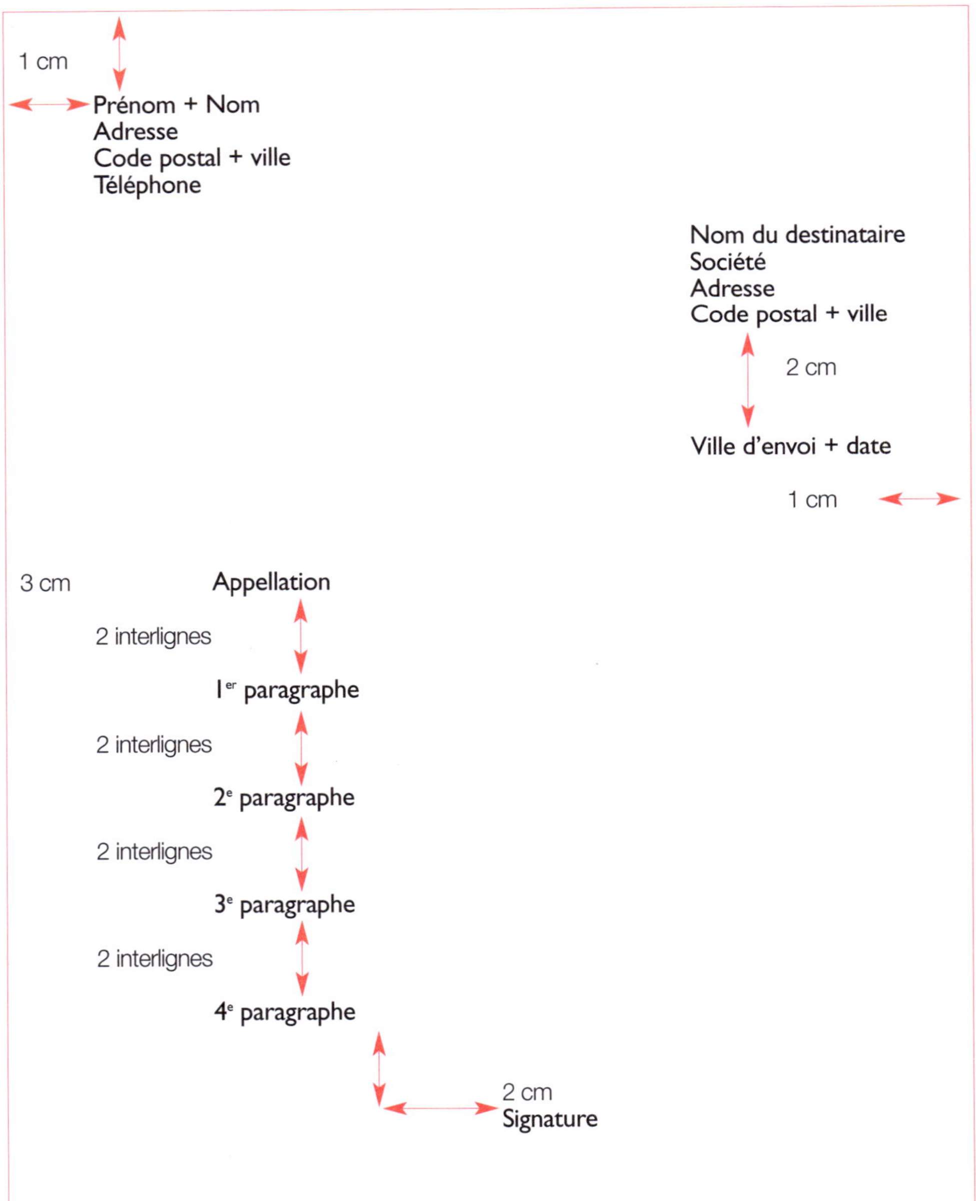

Les documents d'accompagnement

La lettre de motivation annonce le CV qu'elle accompagne. Elle le commente, ou met l'accent sur **un ou plusieurs points forts du profil** tracé dans le CV. Ces deux documents peuvent être complétés par une liste de références, qui offre au recruteur, avant l'entretien, la possibilité d'en savoir plus sur le candidat.

Le CV

Document clé de votre recherche d'emploi, il doit être le fidèle reflet votre profil professionnel. Votre formation et vos expériences sont les points majeurs de votre parcours ; votre CV en est la représentation.

À SAVOIR

Les qualités d'un bon CV

- Impeccable : saisi sur un beau papier blanc, bien présenté, sans fautes d'orthographe : c'est la moindre des politesses.
- Complet : avec toutes les rubriques indispensables dont le recruteur a besoin pour vous connaître.
- Clair : formulé en phrases courtes et précises.
- Sincère : sans mensonges ni omissions ou termes ambigus. Au moindre doute sur la réalité de vos propos, vous risquez d'être éliminé.
- Ciblé : adapté à l'entreprise destinataire et composé d'éléments susceptibles d'intéresser votre interlocuteur.

Si une information manque sur votre CV, le recruteur ne fera probablement pas l'effort de la rechercher.

Le CV mode d'emploi

Il n'existe plus de recrutement sans un dossier de candidature bien bâti : une lettre personnalisée et un CV structuré.

Incontournable dès les années de lycée, compagnon de toutes les carrières, quelles que soient les fonctions, le CV est votre carte d'identité professionnelle.

Évolutif, il se prépare souvent à l'aube de la vie professionnelle, puis s'enrichit au fur et à mesure des années.

Investissez un peu de temps et de réflexion dans la rédaction de ce précieux document. Il est à la base de toutes vos démarches d'emploi.

Pour composer votre CV, procédez en trois étapes :

Recherchez les infomations

Consultez vos agendas, vos archives, vos contrats de travail, vos feuilles de paye, pour dresser un portrait aussi précis que possible de vos différentes activités. Sollicitez votre mémoire pour vous souvenir des fonctions que vous avez occupées, des tâches que vous avez accomplies, des résultats que vous avez obtenus. Recherchez la précision.

Sélectionnez les renseignements utiles

Consignez dans votre CV tous les points susceptibles d'intéresser un employeur, et seulement ceux-là. Il est inutile par exemple de décrire tout votre cursus scolaire ; le diplôme obtenu ou le niveau atteint sont suffisants.

Soignez la présentation

Le CV doit, comme la lettre, être présenté avec rigueur, sur un papier impeccable. Mais contrairement à la lettre qui est manuscrite, vous dactylographierez votre CV.

Les rubriques du CV

Le CV se décline en plusieurs rubriques ; certaines apportent au recruteur des informations essentielles et sont donc indispensables, d'autres sont facultatives et dépendent de votre situation.

L'accroche

Ces quelques mots en tête de CV ont pour but d'attirer l'œil. Ils annoncent votre qualification ou permettent de mettre l'accent sur un point fort de votre parcours : la connaissance d'une langue rare, des compétences spécifiques, une expérience probante dans un domaine précis...

L'état civil

Il vous identifie. Indiquez en haut et à gauche de la feuille :
- votre prénom en minuscules, sans le faire précéder de la mention M., Mme, Melle,
- votre nom en majuscules,
- votre adresse complète, avec le code postal,
- votre numéro de téléphone avec indication des heures auxquelles on peut vous joindre,
- votre date de naissance, et votre âge entre parenthèses,
- votre situation de famille : marié(e), célibataire, vie maritale, veuf(ve),
- votre nationalité : cette information n'est utile que si vous portez un nom étranger,
- le service national : la mention dégagé des obligations militaires est nécessaire pour les hommes de moins de 30 ans ; au-delà de cet âge, elle est surperflue,
- le permis de conduire : ce renseignement est à indiquer uniquement si la possession du permis est nécessaire pour l'exercice de l'emploi recherché.

La formation

Cette rubrique a toute son importance pour les débutants ou les jeunes candidats qui ont une courte expérience du monde du travail. Plus l'expérience professionnelle est riche, moins les études sont au premier plan.

Inscrivez les diplômes obtenus : intitulé exact, ville, date. Si vous avez obtenu plusieurs diplômes du même cursus, inutile de tous les énumérer : la maîtrise d'histoire contemporaine implique que vous avez obtenu le DEUG et la licence.

Si vous avez échoué à l'examen, mentionnez *niveau*.

CONSEIL

Points à noter sur le CV :

• Votre numéro de portable : oui, mais vérifiez le message de la fonction répondeur, qui ne doit pas être fantaisiste.

• Votre numéro de fax : oui s'il s'agit de votre fax personnel ; soyez prudent avec le fax de votre bureau si vous êtes en poste, et si on peut prendre connaissance du message qui vous est destiné.

• Votre adresse e-mail : oui, mais n'oubliez pas de relever quotidiennement vos messages.

• L'âge de vos enfants : oui si vous êtes une femme et si vos enfants sont assez grands pour être autonomes ; vous rassurerez l'employeur sur votre disponibilité.

• Le lieu de votre naissance : non, à moins qu'il ait un rapport direct avec le poste en vue : né à Boston pour un emploi aux USA, par exemple.

• Votre taille et votre poids : utiles pour un poste d'hôte ou d'hôtesse, ces renseignements n'ont pas à figurer dans les autres CV.

Fond musical, voix d'enfant ou ton humoristique sont à éviter pour votre message de répondeur ; ils ne sont pas compatibles avec votre recherche d'emploi.

CONSEIL

Pour évaluer votre niveau de langues

- Notions : connaissances scolaires d'une deuxième ou troisième langue que vous avez étudiée pendant trois à cinq ans.
- Elémentaire : connaissances scolaires d'une première langue que vous avez étudiée pendant sept ans.
- Courant : vous pouvez soutenir une conversation sans aucune difficulté.
- International : vous comprenez et vous faites comprendre très facilement, votre vocabulaire est riche, vos connaissances grammaticales excellentes.
- Bilingue : c'est une de vos langues maternelles.

Si vous êtes sûr de posséder un très bon niveau, indiquez «capable de négocier et de travailler quotidiennement en ... (anglais, allemand...)».

Les connaissances en langues étrangères et en informatique

Indispensables, ou du moins très appréciées dans tous les métiers, ces connaissances méritent une rubrique à part entière.
Déterminez le plus exactement possible votre niveau de langues. Indiquez vos diplômes de langues et vos séjours à l'étranger s'ils sont significatifs.
Énumérez dans cette rubrique vos compétences particulières en informatique si le poste que vous recherchez le nécessite.

Vos stages

Inutile pour un candidat qui a une solide expérience, cette rubrique constitue un atout majeur pour un jeune à la recherche de son premier emploi ; les stages sont sa seule connaissance du monde de l'entreprise, la source de ses compétences pratiques.
Présentez vos stages avec rigueur :
les dates du stage - le nom de l'entreprise - son activité - sa localisation - le service auquel vous avez été affecté - les missions que vous avez remplies.
Les emplois occasionnels (petits boulots d'étudiants effectués de temps à autre : distribution de prospectus, envois en nombre, baby-sitting...) et les emplois réguliers (emplois effectués à temps partiel mais tout au long de l'année universitaire : surveillance de cantine scolaire, gardiennage...) doivent aussi être mentionnés. S'ils n'apportent pas à un jeune une réelle expérience professionnelle, ils attestent sa débrouillardise, sa persévérance et son ouverture sur le monde. Peu nombreux, ils peuvent être cités dans la rubrique «Autres activités», mais s'ils occupent plusieurs lignes du CV, ils méritent une rubrique à part entière.

Vos expériences professionnelles

Cette rubrique est la plus importante pour l'employeur, puisqu'elle expose vos compétences, vos réalisations, vos résultats.
Notez pour chaque poste :
les dates - le nom de l'entreprise - son activité - sa localisation - son importance - votre titre - vos missions, vos réalisations, les résultats acquis, lorsqu'ils sont quantifiables.

Vos centres d'intérêt

Ce sont vos activités extra-professionnelles : loisirs, sports. Développez celles qui ont un rapport avec votre métier, ou celles que vous maîtrisez bien. N'oubliez pas de citer vos activités associatives, elles sont généralement appréciées. Mais n'affichez pas ouvertement une appartenance à un groupement politique ou religieux si vous ne connaissez pas les convictions du destinataire de votre dossier.

Votre photo

Elle est indispensable si elle est demandée par l'annonce. Pour une candidature spontanée, vous pouvez vous en abstenir. Le format identité, en couleur ou en noir et blanc sur fond sobre, s'impose.

La date

Datez votre CV, ce sera plus simple pour vous de l'archiver. Et les entreprises qui constituent ainsi leur vivier de candidatures pourront plus facilement situer l'époque de votre envoi.

La présentation du CV

Dactylographiez votre CV sur une feuille blanche unie.
Vous avez le choix entre trois types de présentation :

La forme chronologique

Vous citez successivement vos diplômes, du brevet aux études supérieures, puis vos expériences professionnelles du premier emploi au dernier.
Cette présentation classique met bien en valeur la progression du parcours, mais atténue un peu l'importance de la dernière fonction.

La forme antichronologique

C'est la présentation la plus pratiquée aujourd'hui.
Vous présentez vos diplômes en citant d'abord le dernier obtenu. Vous déclinez la rubrique «Expériences professionnelles» en commençant par le dernier poste occupé pour terminer par le premier.
Cette forme de CV est appréciée car elle met l'accent sur le diplôme et l'emploi les plus récents.

La forme thématique

Elle présente l'activité professionnelle découpée en domaines d'activité. Elle est idéale pour mettre en valeur des compétences variées, ou pour exposer un parcours accidenté.

À SAVOIR

Autres informations
C'est sous cette rubrique que l'on peut placer des informations qui, par leur importance relative, ne valaient pas la peine d'occuper une rubrique : un niveau d'études un peu léger pour le poste recherché, un niveau de langues insignifiant...
C'est aussi la rubrique des informations dont on souhaite atténuer l'impact : un âge un peu trop avancé (50 ans alors que l'annonce indique 40 ans, par exemple), une situation de famille qui peut inquiéter l'employeur (veuve - 4 enfants, par exemple).

CONSEIL

Le CV résumé : la bonne formule pour les indépendants
Il permet aux professions libérales (consultants, hôtesses, attachés de presse, journalistes pigistes, interprètes et traducteurs...) qui ont des activités et des contacts multiples, de les présenter avec clarté : le CV comporte, outre l'état civil et la formation, une rubrique «Expériences professionnelles» qui décrit les différents postes occupés ; les clients, les missions, les salons, les articles, les livres... figurent dans une liste en annexe.

À SAVOIR

Commentaires

Ce CV a été rédigé pour répondre aux critères de l'annonce.
Ce candidat en reprend les termes en indiquant en tête de CV «magasinier confirmé». Cela incitera l'employeur à poursuivre sa lecture.
Ensuite, il présente d'emblée son expérience professionnelle dans l'ordre antichonologique, pour bien mettre l'accent sur son dernier poste, celui de magasinier en chef, dans une entreprise connue, ce qui atteste ses compétences. La rubrique «Formation» qui a moins d'importance dans ce cas précis est placée après.
Les activités extra-professionnelles présentent un intérêt dans la mesure où le modélisme implique des qualités nécessaires dans le métier de magasinier : précision, sens du détail...
Ce CV est clair, précis, sans information superflue.

CV en réponse à une petite annonce

Grossiste pièces détachées électroménager
situé à Monthléry (91)
recherche

MAGASINIER CONFIRMÉ

5 ans d'expérience minimum

Envoyer lettre manuscrite + CV à ....

Francis MARÉCHAL
67, boulevard de Chanzy
93100 MONTREUIL
tél. ....
né le 1er novembre 1970
marié - deux enfants

MAGASINIER CONFIRMÉ

Expérience professionnelle

Depuis 1995	Société ELECTROLUX - Usine de Colombes (92) (CA ....- ....employés) Magasinier en chef - gestion des stocks de matériel - approvisionnements - préparation et suivi des commandes aux sous-traitants
De 1990 à 1995	Société DEXTRA - Chelles (91) (CA ....- .....employés) pièces détachées pour l'industrie mécanique Magasinier département automobile - gestion informatisée des stocks

Formation

1990	Bac F3 électrotechnique
1988	CAP-BEP électrotechnique option électromécanique

Activités extra-professionnelles

- football
- modélisme (modèles réduits d'avions)

Décembre 20..

CV pour une candidature spontanée

Catherine TOURNIER
57, rue Anatole France
92700 COLOMBES
tél. personnel : 06 00 00 00 00
née le 16 octobre 1963
mariée - 2 enfants scolarisés

FORMATION

1989 Institut Supérieur d'Enseignement des Relations Publiques
1986 Maîtrise d'Anglais - Paris IV Sorbonne

LANGUES

anglais courant
espagnol lu, écrit, parlé

COMPÉTENCES PROFESSIONNELLES

Dans le domaine administratif : Gestion des agendas, accueil, courrier, classement, organisation des déplacements, comités de direction, dossiers du personnel, secrétariat général.
Dans le domaine commercial : Suivi de dossiers et de budget à l'export, contrôle de la facturation. Traduction de documents et accompagnement des clients étrangers avec interprétariat. Contacts téléphoniques clients (prise de commandes, relances).
Dans le domaine de la communication : Conception et suivi de la fabrication de plaquettes publicitaires, de dossiers de presse. Organisation et suivi de participations aux salons professionnels (réservation et aménagement des stands, invitation des clients et des fournisseurs, gestion du personnel en place, suivi des contacts pris sur le stand).

PARCOURS PROFESSIONNEL

depuis 1996 Editions SOUTH & BRADWELL
Filiale d'un groupe international
Encyclopédies
Attachée de Direction auprès du Directeur
des Affaires européennes

1992-1995 **DIALOGUE PLUS**
Formation continue, organisation de colloques,
de séminaires.Assistante de Direction

1990-1991 **PROMOPRESS**
Conseil en Relations publiques
Attachée de Presse

1989-1990 **TOM POUCE**
Mode enfantine
Attachée de Presse

LOISIRS

Bridge
Membre d'une association féline - participation à des concours (trois chats siamois primés)

À SAVOIR

Commentaires

Cette candidate a un parcours riche et varié qui lui a donné des compétences multiples. Elle a donc opté pour une présentation thématique, qui met bien en valeur sa polyvalence. Elle a exposé ses compétences de façon bien structurée, sous des rubriques différentes, pour attirer l'attention des employeurs.
Dans la rubrique «Parcours professionnel», elle a limité les informations au nom des sociétés avec leur secteur d'activité, et l'intitulé des postes occupés.
Notez :
- la mention «enfants scolarisés» qui donne une idée de leur âge
- l'indication de l'activité de chaque entreprise.

La liste de références

Vous avez, dans votre vie professionnelle et privée, rencontré des personnes qui peuvent attester vos compétences et vos qualités. Ces témoignages sont précieux pour un employeur, qui appréciera d'être rassuré, et conforté dans la bonne opinion qu'il a de vous *a priori*.

À SAVOIR

Qui peut faire référence ?

- un ancien patron que vous avez dû quitter à regret,
- un collègue qui a apprécié votre esprit d'équipe,
- un client qui a pu admirer vos talents de négociateur,
- un ancien professeur, qui peut attester votre intelligence,
- un maître de stage qui a validé votre travail,
- un partenaire de sport qui peut témoigner de votre fair-play,
- le chef de la chorale dont vous faites partie.

À bannir : les références à connotation religieuse ou politique, qui peuvent inquiéter ou irriter un recruteur qui n'est pas du même bord que vous.

Assurez-vous, que les personnes que vous souhaitez citer en référence sont disposées à donner sur vous un avis favorable.

Il est fréquent qu'un recruteur, en entretien, demande à un candidat de lui remettre une liste de références.
Prenez les devants, facilitez-lui le travail en joignant cette liste à votre dossier de candidature : c'est un moyen supplémentaire de montrer votre motivation.
Cette liste doit comporter le nom de quatre à six personnes qui ont pu apprécier vos aptitudes professionnelles, vos qualités personnelles, parce qu'elles ont travaillé avec vous, étudié avec vous ou tout simplement parce qu'elles vous connaissent bien.

Indiquez pour chaque personne citée son nom correctement orthographié, son adresse et son numéro de téléphone professionnel ou personnel si elle n'est plus en activité, le poste qu'elle occupe ou qu'elle occupait. Ne vous fiez pas trop à un agenda vieux de trois ou quatre ans, vérifiez l'exactitude de vos informations auprès de vos contacts, et prévenez-les d'un éventuel appel d'un employeur potentiel.

Par exemple :

Pierre PROUVOST - Directeur Commercial - Menuiseries de la Seine
34, rue des Halles 78500 SARTROUVILLE - tél. 00 00 00 00 00

Dominique BERNUS - Restaurateur - «Le Bocage»
Route de Deauville 14600 Pennedepie - tél. 00 00 00 00 00

La gestion de vos contacts

Vous avez envoyé deux, dix, trente lettres de motivation. L'attente des réponses commence. Faut-il pour autant fermer le dossier «recherche d'emploi» et rester passif ? Non, **vous devez continuer votre prospection :** vous suivez les petites annonces, au quotidien dans la presse, sur Minitel, sur l'Internet, vous lisez les journaux, consultez des annuaires, pour trouver de nouvelles pistes de candidatures spontanées...

Mais pour ne pas prendre le risque que tous vos efforts tournent court, et pour vérifier que votre lettre touche sa cible, **consacrez aussi un peu de votre temps au suivi de vos envois**.

CONSEIL

Check-list du suivi

Pour bien suivre votre candidature, notez :

- la date d'envoi de votre lettre + CV,
- la raison sociale de l'entreprise,
- le nom du destinataire,
- le motif de l'envoi : annonce/candidature spontanée/recommandation,
- la réponse de l'employeur,
- la date de la relance,
- la réponse à votre relance,
- la date de l'entretien,
- les suites de l'entretien.

Soyez méticuleux et régulier dans la tenue de votre journal de recherche d'emploi.

Le journal de votre recherche d'emploi

La tenue d'un journal de bord vous permet de faire le point, au quotidien, sur vos contacts. En un coup d'œil, vous saurez exactement le nombre d'envois que vous avez effectués, avec leur date, et les suites données par les employeurs.

Établissez un tableau pour les lettres en réponse aux petites annonces, un autre pour les candidatures spontanées.
Agrafez en annexe chaque petite annonce avec la copie de la lettre personnalisée que vous avez envoyée.

Pour exemples :

Date	Entreprise	Origine	Relance	Résultat
6/11	Laboratoires Roche Pierre Vabre	annonce L'Express	le 12/11	rappeler le 20/11
10/11	Laboratoires Servier Sophie Monge	article Le Généraliste	le 17/11	réponse négative
15/10	Laboratoires Paraf Antoine Merlet	recom. Gilles Leroy	-	RV 21/11
...	...	...	...	...
...	...	...	...	...
...	...	...	...	...
...	...	...	...	...
...	...	...	...	...

Les relances

Vous hésitez peut-être à prendre des nouvelles de votre candidature. Les raisons ? Vous craignez d'être maladroit, vous n'êtes pas très à l'aise au téléphone, vous êtes angoissé à l'idée d'un refus, vous ne voulez pas passer pour un «casse-pieds».

Pourtant, cette relance est une démarche légitime, qui témoigne de votre motivation et de votre ténacité, à condition de ne pas assiéger le standard ou la secrétaire, et de rester toujours calme et courtois.

Téléphonez au destinataire de votre dossier à la date que vous aviez annoncée, ou, si vous n'avez rien précisé, huit à dix jours après votre envoi. Ne vous précipitez pas pour appeler trois jours après, mais n'attendez pas non plus trois semaines, ce peu d'empressement pouvant être pris pour de la négligence ou un manque de motivation.

Pour être concentré, choisissez un environnement calme, et installez-vous confortablement. Posez devant vous votre dossier de candidature et votre agenda ; ainsi, vous serez prêt à répondre à une question de l'employeur ou à prendre un rendez-vous.

Ne téléphonez pas d'une cabine, ou d'une voiture au milieu de la circulation. Les bruits de fond, comme les travaux sur un chantier, la musique, la télévision, les cris d'enfants, les discussions animées sont stressants pour vous comme pour votre correspondant qui devra prêter l'oreille pour vous entendre.

L'approche de votre correspondant

Demandez au standard la personne à laquelle vous avez écrit. Si son nom n'était pas mentionné clairement dans la petite annonce, demandez : *«Puis-je parler à la personne responsable du recrutement pour le poste de ...?»*

Il est probable que vous aurez d'abord en ligne sa secrétaire qui voudra connaître le motif de votre appel.

Présentez-vous, et expliquez-lui que vous avez déjà pris contact avec Monsieur X. Si vous avez été recommandé, dites : *«Je cherche à joindre Monsieur X de la part de ...»*

Premier cas : votre interlocuteur est occupé ou absent.

Demandez à quelle heure ou quel jour vous pouvez le joindre, et rappelez-le au moment prévu.

Vous rappelez : *«Bonjour Madame, Sylvie Besson ; je rappelle Monsieur X comme vous me l'avez suggéré hier (ou ce matin...). Est-il disponible ?»*

CONSEIL

Le bon moment

Evitez les lundis matin, les vendredis après-midi, les veilles et les lendemains de jours fériés, toujours chargés : votre interlocuteur sera probablement très pris et risque de ne pas pouvoir vous parler. Appelez plutôt entre 10 heures et 12 heures, entre 15 heures et 19 heures. Après 18 heures, vous éviterez sans doute le barrage de la secrétaire !

À SAVOIR

Procédez par étapes

Au premier appel, assurez-vous que votre dossier est bien parvenu à son destinataire, et demandez si une suite a pu lui être donnée. Si aucune décision n'a été prise à votre sujet, demandez dans quel délai il est souhaitable que vous rappeliez... et respectez-le.

Souriez quand vous parlez à votre interlocuteur : un sourire « s'entend » au téléphone.

À SAVOIR

Un emploi ou un conseil

La candidature spontanée a un objectif : obtenir un job. Mais si l'entreprise n'a pas de poste vacant pour vous, n'en concluez pas que cette démarche était vaine.
Tirez parti de ce contact : demandez un conseil pour réorienter votre recherche vers un autre horizon, une nouvelle piste : « Pouvez-vous m'indiquer quelqu'un qui pourrait, dans votre entourage, être intéressé par ma candidature ? »
L'effet « boule de neige » des relations est très efficace. Si vous avez dix pistes, et si chacun de vos interlocuteurs vous indique un seul nom, vous pouvez ainsi en obtenir vingt, puis quarante...

Faites-vous une alliée de la secrétaire de votre interlocuteur, elle peut vous aider à obtenir un entretien.

CONSEIL

Dopez votre moral avant la relance

On hésite souvent à téléphoner à un employeur pour prendre des nouvelles de sa candidature, par peur de passer pour un «casse-pieds» ou par crainte d'avoir à assuyer un refus.
Avant de passer à l'acte, prenez en considération ces deux principes :
- vous offrez vos services, vous ne quémandez pas un emploi,
- votre relance est un témoignage de motivation, pas un harcèlement déplacé.

Votre correspondant n'est toujours pas libre ; gardez votre patience, restez courtois, mais ferme. Montrez votre détermination à obtenir cette communication. Demandez à nouveau quand vous pourrez rappeler. Vous devrez peut-être téléphoner ainsi trois ou quatre fois. Restez toujours calme et poli : *«Je n'ai décidément pas de chance, mais je rappellerai ausi souvent qu'il le faudra»* ou *«Sylvie Besson à nouveau. Je ne voudrais pas vous importuner, mais je souhaite vraiment parler à Monsieur X»* montrera que vous êtes bien décidé à avoir une réponse.
Réprimez votre agacement, abstenez-vous de réflexions acerbes, vous vous mettriez à dos cette précieuse collaboratrice, puisqu'elle est l'intermédiaire inévitable. Vous avez plutôt intérêt à vous en faire une alliée, car, touchée par votre opiniâtreté, elle plaidera en votre faveur.
Second cas : on vous passe votre correspondant. C'est à vous de jouer.

Objectif : décrocher un entretien

Présentez-vous :
Vous répondez à une annonce : *«Sylvie Besson ; je vous ai envoyé ma candidature en réponse à la petite annonce du ... parue dans ... pour le poste de ... Je souhaiterais savoir si vous avez pu étudier mon dossier, et si vous pouviez me recevoir cette semaine pour me faire part de votre avis.»*
Vous avez envoyé une candidature spontanée : *«Sylvie Besson ; je vous ai écrit le ... pour vous proposer ma collaboration en tant que ... Je souhaitais savoir si ma proposition vous intéressait, ou si vous pouviez me donner un conseil.»*

Votre attitude, ensuite, dépend de la réponse qui vous est faite.
- Votre interlocuteur est occupé et ne peut vous parler pour l'instant. Demandez-lui à quelle heure vous pouvez le rappeler. Au prochain appel, dites à la standardiste, à la secrétaire : *«Monsieur X m'a demandé de le rappeler aujourd'hui à ...h»* et à votre interlocuteur : *«Je vous rappelle comme vous me l'avez demandé hier.»*
- Il vous accorde un entretien. Remerciez, notez soigneusement le jour, l'heure, et faites-vous préciser l'adresse exacte du rendez-vous.

La méthode pour tirer parti d'un refus

L'entreprise n'embauche pas pour l'instant, ou votre candidature n'a pas été retenue pour la petite annonce à laquelle vous répondiez. Remerciez d'abord pour l'attention portée à votre dossier, puis rebondissez sur ce refus. Vous ne faites pas l'affaire ? Pourquoi ?

Demandez-le :
Par exemple :
- Pouvez-vous me dire pour quelles raisons je n'ai pas été retenu ? N'avais-je pas assez de points communs avec le candidat que vous cherchiez ? Pensez-vous que ma lettre n'était pas assez expressive, que mon CV doit être refait ?
- Comptez-vous garder ma candidature pour un recrutement ultérieur, ou pensez-vous que mon profil ne correspond pas à votre entreprise ?
Ne montrez pas votre déception, encore moins votre amertume. Soyez ouvert et compréhensif.
Quelques jours après l'entretien téléphonique, après avoir tenu compte des remarques et des conseils de l'employeur, renouvelez vos remerciements par une petite carte-lettre. Un employeur est toujours sensible aux marques de politesse.

La remise en question

Si vous n'essuyez que des refus ou des silences, si malgré vos relances vous n'avez aucune proposition d'entretien, n'accusez pas la malchance.

C'est probablement votre technique de recherche d'emploi qui n'est pas au point. Passez en revue vos démarches avec un œil critique, prenez des avis extérieurs, et tenez compte des remarques de vos interlocuteurs, puis apportez les changements d'orientation qui s'imposent : une meilleure définition de la cible, une lettre plus dynamique et plus ciblée, une nouvelle présentation de votre CV. Sachez remettre en cause la rédaction de votre lettre de motivation ; mais ne doutez pas de votre valeur, de vos qualités, de vos chances de réussite. Dans le domaine de la recherche d'emploi comme dans beaucoup d'autres, on devient meilleur grâce à l'expérience.

À SAVOIR

Pourquoi ça ne marche pas ?
Votre lettre n'a pas accroché. Pour ne pas vous tromper de cible lors de vos pochains envois, il est important de découvrir les raisons de cet échec.
• Votre cible est mal définie :
- Vous ne correspondez pas assez aux critères objectifs de l'annonce : formation, expérience... Vous avez tenté votre chance, elle ne vous a pas souri. Vous n'avez pas de regret à avoir.
- Vous avez mal répondu aux critères subjectifs de l'annonce: vous avez mal illustré vos qualités ou vos compétences... Dans ce cas, la rédaction de votre lettre est directement en cause. Revoyez-la attentivement.
- Vous avez contacté des entreprises qui n'emploient pas des personnes ayant votre profil : le ciblage des destinataires de votre dossier n'était pas assez rigoureux. Affinez-le.
• Votre lettre était :
- trop banale,
- trop fantaisiste,
- mal présentée,
- anonyme, du type circulaire.
• Votre CV n'est pas bien fait : mal présenté ou incomplet.
• Votre dossier est arrivé trop tard.
• Il n'y a pas de poste disponible.

Le recruteur n'est pas votre ennemi ; il n'a pas de poste pour vous mais il peut vous donner un avis précieux.

Lettres de motivation corrigées

Malgré beaucoup de bonne volonté et une attention soutenue, il arrive fréquemment que l'on commette des erreurs ou des maladresses en rédigeant ses lettres de motivation. Et la relecture immédiate ne permet pas toujours de prendre **suffisamment de recul** pour les corriger. Voici quelques exemples de lettres qui comportent les erreurs les plus fréquemment relevées par les recruteurs. Lisez-les attentivement en imaginant que vous êtes l'employeur. Exercez votre esprit critique. Et lisez ensuite la version corrigée de ces lettres. Vous comprendrez mieux ainsi quel style de rédaction il est nécessaire d'adopter, et de quelle façon, avec les mêmes éléments, on peut transformer **l'esprit d'une candidature**.

À SAVOIR

Commentaires

Ce candidat, maître d'hôtel, s'adresse à un cabinet de recrutement pour trouver un emploi après son service national.

Sa lettre accumule les erreurs :

- l'appellation «Messieurs» lorsqu'on s'adresse à une femme est déplacée,
- elle donne l'impression que c'est le cabinet qui est à sa disposition, et que c'est lui qui fera son choix parmi les propositions qui lui seront faites,
- elle ne donne pas une impression de clarté car elle est rédigée d'un seul bloc,
- les phrases sont trop longues,
- les termes manquent de rigueur : «approfondir les choses» est trop familier, et n'a guère sa place dans une lettre de motivation,
- elle n'est pas datée,
- la signature est trop près du texte,
- elle est écrite sur un papier quadrillé.

Personne n'a envie de rencontrer un candidat aussi peu attentif.

Lettre fiasco

Laurent ALBIN
8, rue de la Roquette
75011 PARIS
tél. 00 00 00 00 00

Madame Legrand
Cabinet Dumoulin
4, rue Cardinet
75017 PARIS

Messieurs,

Disponible au 1er septembre 20.. après avoir rempli mes obligations militaires, je me permets de vous adresser ci-joint un curriculum vitae précisant la branche qui m'intéresse. Je reste néammoins disposé à étudier toutes autres demandes d'emploi correspondant à mon profil. Je me tiens bien entendu à votre disposition pour un entretien afin d'approfondir les choses et vous remercie par avance, dans ce cas, de me contacter par écrit, du fait de mon évidente indisponibilité actuelle. Dans l'attente du plaisir de vous rencontrer, je vous prie de croire, Messieurs, en l'assurance de mes sentiments les meilleurs.

Signature

Lettre corrigée

Laurent ALBIN
8, rue de la Roquette
75011 PARIS
tél. 00 00 00 00 00

Madame Legrand
Cabinet Dumoulin
4, rue Cardinet
75017 PARIS

Paris, le 2 août 20..

Madame,

Mon service national se terminant le 1er septembre prochain, je serai aussitôt disponible pour reprendre les fonctions de maître d'hôtel que j'ai exercées pendant un an au restaurant «Le Jules Verne» à Paris.

Dans cet établissement prestigieux, j'ai acquis des connaissances techniques, mais aussi le goût du détail et l'exigence du travail bien fait. Ces qualités seront, me semble-t-il, appréciées de vos clients.

Mon CV ci-joint vous permettra d'apprécier mon profil. Je me permettrai de vous contacter dès mon retour à Paris afin d'étudier la possibilité de venir me présenter à vos bureaux.

Veuillez accepter, Madame, l'expression de mes salutations distinguées.

Signature

P.J. : 1

À SAVOIR

Commentaires

Ce jeune homme est plein de bonne volonté, mais sa lettre comporte quelques maladresses de forme :

- il est préférable d'indiquer la date en toutes lettres,
- il est superflu de noter nom et prénom avant la signature, puisqu'ils figurent déjà en tête de lettre.

C'est dommage car, par ailleurs, cette lettre respecte des marges et des espaces très réguliers entre les paragraphes.

On relève aussi des maladresses de fond :

- Ce candidat mentionne qu'il souhaite améliorer ses connaissances personnelles : ce qui n'est pas un argument qui peut inciter l'entreprise à l'embaucher ; il aurait dû évoquer ce qu'il peut lui peut apporter de positif à la société.
- Il assure de son dévouement; l'intention est louable, mais il vaudrait mieux évoquer la rigueur ou la conscience professionnelle.

Lettre maladroite

Jean-Denis BARREAU
7, rue des Cordes
92220 BAGNEUX
tél. 00 00 00 00 00

Monsieur ROUILLIER
Castel Décoration
7, rue des Granges
92450 ISSY

Le 7/1/20..

Monsieur,

Je suis actuellement employé électricien chez Arcane Décoration à Chatou.

Mon contrat de travail se terminant fin janvier, et désireux d'améliorer mes connaissances professionnelles, je me permets de solliciter un emploi dans votre société. Soyez assuré que je ferai tout mon possible pour vous donner satisfaction et que vous pourrez compter sur moi.

Espérant que vous pourrez donner une suite favorable à ma demande, et dans l'attente de vous lire à ce sujet, je vous prie d'agréer, Monsieur, l'expression de mes salutations distinguées.

Barreau Jean-Denis

Lettre corrigée

Jean-Denis BARREAU
7, rue des Cordes
92220 BAGNEUX
tél. 00 00 00 00 00

Monsieur ROUILLIER
Castel Décoration
7, rue des Granges
92450 ISSY

Le 7 janvier 20..

Monsieur,

Actuellement électricien chez Arcane Décoration à Chatou, mon contrat de travail se termine fin janvier.

Les différents postes que j'ai occupés, dont mon CV ci-joint vous donne le détail, m'ont permis d'acquérir une expérience diversifiée aussi bien pour des travaux de chantier que pour des équipements de locaux professionnels ou d'habitation. Sans doute cette polyvalence alliée à une grande rigueur peut-elle vous intéresser ?

Je souhaiterais pouvoir vous rencontrer afin de vous exposer plus en détail mes compétences, aussi je me permettrai de vous téléphoner le 15 janvier afin de prendre rendez-vous.

Vous remerciant de l'attention que vous porterez à cette lettre, je vous prie d'agréer, Monsieur, l'expression de mes salutations distinguées.

Signature

P.J. : C.V.

À SAVOIR

Commentaires

Cette lettre ressemble à s'y méprendre à une circulaire administrative que la candidate aurait envoyée à tous les établissements hospitaliers du département.

- La mention «objet : demande d'emploi» risque de dissuader le destinataire de la lettre de poursuivre sa lecture s'il ne recrute pas pour l'instant. Il vaut mieux lui laisser découvrir un profil intéressant avant de demander un emploi.
- Il manque le numéro de téléphone de la candidate ; cet oubli peut avoir des conséquences graves : un employeur qui a plusieurs dossiers de candidature d'égale valeur sur son bureau prendra-t-il la peine de le rechercher dans l'annuaire ?
- Le nom du destinataire n'est pas indiqué ; il eût été préférable de téléphoner à la clinique pour demander le nom du responsable du personnel.
- Il n'est pas d'usage de joindre à sa lettre de motivation une enveloppe timbrée pour la réponse.

D'autre part, cette lettre dénote une sécheresse de caractère peu compatible avec l'exigence du sens relationnel indispensable au métier d'infirmière.

Lettre type circulaire administrative

Anne-Sophie CREMER
30, avenue Charles de Gaulle
59220 DENAIN

Clinique de la Forêt
12, rue de la République
59220 DENAIN

Denain, le 15 décembre 20..

Objet : demande d'emploi

Messieurs,

Infirmière diplômée d'Etat, je suis à la recherche d'un emploi.

Le curriculum vitae ci-joint vous donnera les informations nécessaires.

Je me tiens à votre disposition pour vous communiquer tous renseignements complémentaires.

En espérant que ma candidature retiendra votre attention, je vous prie d'agréer, Messieurs, l'assurance de mes salutations distinguées.

Signature

P.J. : un CV et une enveloppe timbrée

Lettre corrigée

Anne-Sophie CREMER
30, avenue Charles de Gaulle
59220 DENAIN
tél. 00 00 00 00 00

Monsieur LEGRAND
Clinique de la Forêt
12, rue de la République
59220 DENAIN

Denain, le 15 décembre 20..

Monsieur le Directeur,

Infirmière diplômée d'Etat, j'exerce mon métier au bloc opératoire d'une clinique de Valenciennes depuis 1997.

Quatre années dans ce service dont vous connaissez certainement l'excellente réputation m'ont permis d'acquérir une très bonne compétence professionnelle. Mais j'ai dû déménager pour raisons familiales et souhaiterais me rapprocher de Denain.

Mon CV ci-joint vous donnera un aperçu de mon parcours.

En espérant qu'il vous sera possible de me recevoir prochainement, je vous prie d'agréer, Monsieur le Directeur, l'assurance de mes salutations distinguées.

Signature

PJ. : 1

À SAVOIR

Commentaires

Cette jeune fille a beaucoup d'atouts : des diplômes reconnus, une expérience pratique très diversifiée, elle parle couramment l'anglais. Mais sa lettre est plate. Elle résume les différentes rubriques de son CV et n'apporte pas d'informations sur ses qualités spécifiques. Elle annonce qu'elle souhaite approfondir ses compétences, mais que propose-t-elle à l'employeur ? Quelles raisons a- t-il de l'engager ? Sur la forme, il faudrait également revoir quelques points :

- le nom et l'adresse du destinataire ne sont pas indiqués : la lettre risque de ne pas parvenir à la personne compétente pour prendre une décision d'embauche,
- les différents paragraphes ne sont pas alignés au même alinéa ; cela crée une impression de confusion.

Lettre résumé du CV

Julie BURON
12, rue du Commerce
75015 PARIS
tél. 00 00 00 00 00
e-mail : ....

Le 14 novembre 20..

Monsieur,

Titulaire d'une maîtrise de lettres modernes et d'un diplôme de littérature anglaise, je parle couramment anglais.

Je possède par ailleurs de bonnes notions d'espagnol et je maîtrise bien l'informatique.

J'ai été pigiste successivement pour Oxygen Radio Oxford, BBC expérience à Londres, puis à Paris à Radio Aligre, Canal Plus, Canal Satellite.

Je serais heureuse de pouvoir intégrer votre rédaction afin d'approfondir mes compétences.

En espérant que vous accepterez de me recevoir, je vous prie d'agréer, Monsieur, l'expression de mes salutations distinguées.

Signature

Lettre corrigée

Julie BURON
12, rue du Commerce
75015 PARIS
tél. 00 00 00 00 00
e-mail : ....

Le 14 novembre 20..

EST MAGAZINE
5, rue de la Nuée Bleue
67000 STRASBOURG

A l'attention de Monsieur VEBER

Monsieur,

Journaliste free-lance depuis deux ans, je m'intéresse de très près aux médias. L'évolution de la rédaction de votre journal, dont j'apprécie le ton et le sérieux, le soin apporté à la mise en page et à la maquette m'ont particulièrement séduite.

Les différentes enquêtes que j'ai pu mener au cours de mes nombreuses missions, les émissions de radio et les multiples sites Internet auxquels j'ai collaboré m'ont permis d'acquérir une grande faculté d'adaptation et de développer mon sens critique, ma faculté d'analyse et mes capacités rédactionnelles. Ces qualités, je vous propose de les mettre à votre service.

Mon CV, joint à cette lettre, vous permettra d'apprécier la diversité de mon expérience, ainsi que mon intérêt pour l'actualité littéraire, théâtrale et musicale.

Un entretien avec vous me permettrait de le commenter, et de vous montrer ma réelle motivation pour travailler avec votre équipe. Dans cette attente, je vous prie d'agréer, Monsieur, l'expression de mes salutations distinguées.

Signature

P.J. : 1

À SAVOIR

Commentaires

Cette lettre a de toute évidence été rédigée à la hâte : les ratures et les fautes d'orthographe en sont la preuve. Ce candidat n'a pas pris le temps de recopier sa lettre lorsqu'il s'est aperçu qu'il avait commis une erreur. Premier point faible de cette lettre : c'est un vrai brouillon.

Autres erreurs de présentation :

- La mention Mr avant le nom : on n'indique pas M., Mme, Melle dans l'en-tête d'un CV ou d'une lettre de motivation, mais si on habite chez quelqu'un, il est préférable de marquer Monsieur, Madame, ou Mademoiselle, en toutes lettres. Cette remarque est valable également pour l'indication du destinataire.
- L'absence de code postal.
- La mention «Mr» suivie du nom qui précède la signature.

En ce qui concerne le texte, remarquez aussi quelques erreurs :

- Le désaccord avec le supérieur hiérarchique. Mieux vaut ne pas évoquer des questions de personnes, car un employeur peut penser que le candidat est une forte tête.
- Licenciement, chômage : on ne peut pas dire que ces termes soient positifs, dynamiques et optimistes.
- Des horaires qui ne conviennent pas sont à l'origine de cette volonté de changement d'emploi ; cela signifie-t-il que ce candidat ne veut pas faire d'effort, ou cela cache-t-il une autre raison plus grave ?

Lettre gaffes

Mr Fidès Patrick
chez Melle Noguet Sandrine
8, boulevard du Midi
Nanterre

Le 5 novembre 20..

Mr GARDEUR Jacques
4, rue Félix
92 La Garenne

Monsieur,

J'ai une habillitation électricien N1 (B1-H1). J'ai travailler pour l'entreprise Desmarais à Bezons, mais n'étant pas d'accord avec le chef de chantier, j'ai été licencié.

J'ai ensuite été gardien de nuit pendant trois ans dans un parking, mais il a fermé.

Je suis rester au chomage jusqu'en 1998, puis je suis entré chez Peugeot, mais je cherche un autre emploi, car les horaires de travail ne me xxxxx comviennent pas.

Je vous envoie ci-joint mon CV. J'espère que ma candidature vous intéressera.

Veuillez agréer, Monsieur, mes salutations distingués.

Mr Fidès

Lettre corrigée

Patrick Fidès
chez Mademoiselle Sandrine Noguet
8, boulevard du Midi
92000 Nanterre

Nanterre, le 5 novembre 20..

Monsieur Jacques GARDEUR
4, rue Félix
92500 La Garenne

Monsieur,

Electricien habilité, après une expérience de plusieurs années dans une entreprise d'électricité générale, j'ai suivi un stage en télécommunications qui m'a permis d'acquérir des compétences complémentaires en téléphonie.

Devenu monteur-câbleur, j'ai pu depuis deux ans approfondir mes connaissances par une expérience de terrain.

Je vous propose de mettre ce savoir-faire au service de votre entreprise. Mon CV ci-joint vous donnera de plus amples informations sur mon parcours.

Espérant vous rencontrer prochainement, je vous prie d'agréer, Monsieur, l'expression de mes salutations distinguées.

Signature

P.J. : 1

À SAVOIR

Commentaires

En voulant trop bien faire, ce candidat commet des bévues. Remarquez :

- Un compliment discret est le bienvenu et paraît sincère ; plusieurs phrases d'éloges passent pour de l'obséquiosité et peuvent agacer l'employeur. Il est préférable de modérer ce genre de propos.
- D'autre part, il met l'accent sur son point faible : sa courte expérience. Alors qu'une entreprise aussi performante recherche certainement plutôt des hommes d'expérience !
- Il n'explique pas les qualités qui lui permettraient d'être utile à l'entreprise.
- Et enfin, il adopte un style quémandeur pour solliciter un entretien ; il vaudrait mieux être plus tonique, plus directif. Un commercial doit montrer sa détermination.

Lettre flatteuse

Denis DOUCET
15, rue de Montmélian
77600 MONTEREAU
tél. 00 00 00 00 00

Monsieur Pierre KAHN
SERVIBAG
72, rue Rochechouart
75009 PARIS

Montereau, le 5 décembre 20..

Monsieur le Directeur,

La renommée de votre entreprise dépasse aujourd'hui les frontières. Votre dynamisme, votre efficacité et vos performances forcent l'admiration. On vous cite partout en exemple.

Faire partie de vos équipes de vente serait mon vœu le plus cher ; malgré ma courte expérience, je pense pouvoir vous être utile.

Mon CV ci-joint relate mon parcours.

Je vous prie instamment, Monsieur le Directeur, d'avoir l'obligeance de me recevoir. Dans cette attente, je vous prie d'agréer l'expression de mes sentiments les plus respectueux.

Signature

Lettre corrigée

Denis DOUCET
15, rue de Montmélian
77600 MONTEREAU
tél. 00 00 00 00 00

Monsieur Pierre KAHN
SERVIBAG
72, rue Rochechouart
75009 PARIS

Montereau, le 5 décembre 20..

Monsieur le Directeur,

La renommée de votre entreprise dépasse aujourd'hui les frontières. Vos équipes de vente sont certainement très impliquées dans ce grand succès.

En trois années passées au sein de la société Fidex, à Orléans, j'ai fait progresser de 20% la part du marché des autocuiseurs vapeur, augmentant ainsi le chiffre d'affaires de l'entreprise de 125 000 €.

Relever des défis me passionne, et j'aimerais allier mon ambition à la vôtre. Mon CV ci-joint vous décrit mon parcours que je serais heureux de pouvoir vous commenter.

Etant à Paris les 15, 16 et 17 décembre prochains, je suggère que nous nous rencontrions. Je téléphonerai à votre secrétaire afin de fixer l'heure d'un rendez-vous à votre convenance. Dans cette perspective, je vous prie d'agréer, Monsieur le Directeur, l'expression de mes sentiments distingués.

Signature

P.J. : 1

Lettre provocatrice

Marc HERVIEU
18, rue des Charmilles
69004 LYON
tél. 00 00 00 00 00
fax 00 00 00 00 00

Madame RAYNAUD
FILOTEXT
9, rue des Archers
69006 LYON

Lyon, le 12 décembre 20..

Madame,

Par Julien DEROY, j'ai appris que vous aviez actuellement de gros problèmes d'absentéisme dans votre personnel. Pour une entreprise de votre taille, c'est un grave handicap.

Responsable du personnel de la Société Transval pendant 12 ans, j'ai réussi à juguler l'absentéisme par l'aménagement d'horaires à la carte et une gestion plus souple des carrières.

Il vous faut certainement un collaborateur efficace qui sache négocier. Je pense pouvoir remédier à cette situation difficile pour vous. Je me propose de vous contacter dès la semaine prochaine afin de nous rencontrer ; je vous exposerai ainsi de vive voix mes projets de redressement.

Dans cette attente, je vous prie d'accepter, Madame, l'expression de mes salutations distinguées.

Signature

P.J. : CV

À SAVOIR

Commentaires

Cette lettre est à haut risque pour deux raisons :

- L'entrée en matière peut être ressentie comme une provocation par un chef d'entreprise qui n'appréciera certainement pas qu'on lui rappelle ses problèmes de gestion interne.
- Le candidat est indiscret : il cite une de ses relations qui a fait des commentaires somme toute peu élogieux sur l'entreprise. L'employeur sera probablement très irrité de savoir que ses problèmes de gestion interne sont divulgués.

Conclusion : Julien LEROY peut être sanctionné pour son indiscrétion, il en voudra à Marc HERVIEU de l'avoir cité dans sa lettre, et le recruteur n'aura pas envie de donner suite à cette candidature.
Il est possible d'attirer l'attention de l'employeur sur cette question qui le préoccupe d'une façon moins abrupte, plus élégante.
Attention, on ne doit jamais citer quelqu'un dans une lettre sans avoir obtenu son accord exprès.

Lettre corrigée

Marc HERVIEU
18, rue des Charmilles
69004 LYON
tél. 00 00 00 00 00
fax 00 00 00 00 00

Madame RAYNAUD
FILOTEXT
9, rue des Archers
69006 LYON

Lyon, le 12 décembre 20..

Madame,

L'absentéisme est un fléau majeur pour une PME. Je le sais bien pour avoir rencontré cette situation alors que j'étais responsable du personnel de la société Transval. Une politique souple de la gestion des carrières et l'aménagement d'horaires à la carte, à la suite d'une concertation avec l'ensemble du personnel, m'ont permis de diminuer de 80% le taux d'absence parmi les employés de l'entreprise.

Cette expérience de terrain qui a fait ses preuves, je pense pouvoir l'appliquer avec succès dans une autre structure. Sens de l'écoute et de l'observation, diplomatie et capacité de négociation sont des qualités dont je fais preuve au quotidien depuis douze ans.

Je vous adresse ci-joint mon CV qui vous informera de mon parcours et me propose de vous contacter dès la semaine prochaine afin que nous puissions nous rencontrer.

Dans cette attente, je vous prie d'accepter, Madame, l'expression de mes salutations distinguées.

Signature

P.J. : 1

À SAVOIR

Commentaires

Cette dame est dans une situation personnelle difficile, certes, mais sa lettre est maladroite. Elle va culpabiliser et rebuter l'employeur, qui craindra qu'une candidate «à problèmes» ne soit pour lui une source de complications. Plusieurs points sont à revoir dans cette lettre :

- Au premier paragraphe, il faut éviter d'assener au recruteur une situation de famille qui laisse à penser que la candidate sera peu disponible.
- Au premier paragraphe, encore, le terme «je dois» implique une obligation, pas un désir de s'investir dans la vie professionnelle. Qui a envie d'embaucher une personne qui vient travailler «à reculons» ?
- Au troisième paragraphe, l'expression «je pense pouvoir» incite à douter des capacités réelles de la candidate.
- Au dernier paragraphe : deux maladresses peuvent être évitées. «Je vous prie instamment» est trop suppliant. L'expression «voici 3 mois que je cherche» laisse planer un doute sur la valeur de la personne.

Cette lettre doit être débarrassée de toute sa connotation triste et pessimiste pour être efficace.

Lettre plaintive

Nicole CARBONNIER
18, rue Edith Cavell
31000 TOULOUSE
tél. ....

Docteur Olivier LAMBERT
10, avenue Winston Churchill
31100 TOULOUSE

5 novembre 20..

Docteur,

Veuve avec deux enfants, je dois retravailler au plus tôt.

J'ai exercé le métier de secrétaire pendant 5 ans dans un cabinet médical de Mazamet avant de m'arrêter pour m'occuper de mes enfants.

Je viens de terminer une formation d'informatique et pense pouvoir occuper un poste de réceptionniste dans votre cabinet.

Je vous prie instamment d'examiner ma candidature, car voici 3 mois que je cherche en vain du travail.

Dans cet espoir, je vous prie d'agréer, Docteur, mes respectueuses salutations.

Signature

Lettre corrigée

Nicole CARBONNIER
18, rue Edith Cavell
31000 TOULOUSE
tél. ....

Docteur Olivier LAMBERT
10, avenue Winston Churchill
31100 TOULOUSE

5 novembre 20..

Docteur,

Secrétaire médicale à Mazamet pendant cinq ans, j'ai interrompu mon activité pour élever mes enfants.

Pendant ces quelques années consacrées à ma famille, j'ai continué à mettre en pratique les qualités qui sont celles d'une bonne secrétaire : sens de l'organisation et du contact, disponibilité, discrétion, patience.

Un récent stage me permet maintenant de très bien maîtriser les outils informatiques, aussi suis-je immédiatement opérationnelle.

Pour votre information, je joins à cette lettre mon CV qui retrace les grandes lignes de ma carrière passée.

Je me permettrai de vous contacter la semaine prochaine afin de prendre rendez-vous pour envisager une éventuelle collaboration, et dans cette attente, je vous prie d'agréer, Docteur, l'expression de mes salutations distinguées.

Signature

P.J. : 1

Lettres de motivation commentées

Vous êtes unique, vos lettres de motivation le sont aussi. Chacun a sa personnalité, son parcours, ses priorités, ses objectifs, c'est pourquoi il ne peut exister de modèle de lettre universel à succès garanti. Mais en lisant ces lettres, vous comprendrez dans quel esprit vous devez vous adresser à un employeur potentiel et dans quels termes vous pouvez exprimer l'essentiel de votre profil.

N'oubliez jamais ce principe qui est la clé d'une bonne lettre de motivation : **« Que cherche cette entreprise ? En quoi puis-je répondre à ses besoins ? »**

Lettre en réponse à des petites annonces

Répondre point par point aux besoins de l'entreprise qui recrute est le secret d'une lettre de motivation qui fait mouche. L'employeur qui publie une annonce doit résoudre rapidement, et au moindre coût, une carence de collaborateur. L'idéal pour lui, c'est de trouver le plus vite possible le candidat qui répondra à ses besoins. Si vous avez le profil désigné, vous le soulagez d'une préoccupation.

Il vous manque un des critères de l'annonce, mais vous avez des qualités ou des compétences qui peuvent largement compenser : mettez-les en valeur.

Annonce 1

Grossiste pièces détachées électroménager
situé à Monthléry (91)
recherche

MAGASINIER CONFIRMÉ

5 ans d'expérience minimum

Envoyer lettre manuscrite + CV à ....

À SAVOIR

Commentaires

Cette annonce comporte peu d'éléments. Un seul critère objectif : cinq ans d'expérience. C'est donc sur cette compétence professionnelle que le candidat doit mettre l'accent.
Il mentionne dans le premier paragraphe les références de l'annonce à laquelle il répond. C'est utile, car les entreprises passent souvent des annonces dans plusieurs supports différents.
Dans le deuxième paragraphe, il évoque la durée de son expérience et les compétences qu'il propose à l'entreprise.

La clé du succès pour répondre à une petite annonce : être en parfaite adéquation avec le profil décrit dans le texte.

Francis MARÉCHAL
67, boulevard de Chanzy
93100 MONTREUIL
tél. :.................

....
....

Montreuil, le 6 décembre 20..

Monsieur,

Votre annonce n° 2657 parue dans le Marché de l'Emploi du 5 décembre offre un poste de magasinier confirmé.

Voici cinq ans que je suis magasinier en chef de l'usine de Colombes de la société Electrolux. A ce poste, j'ai acquis une parfaite maîtrise de la gestion informatisée des stocks, des approvisionnements et des commandes aux sous-traitants. Ces compétences alliées à des qualités personnelles de rigueur me permettraient certainement d'être immédiatement opérationnel dans la fonction que vous proposez.

Mon CV ci-joint vous donnera un aperçu de mon parcours.

Vous remerciant de l'attention que vous porterez à ma candidature, je vous prie de croire, Monsieur, en ma considération distinguée.

Signature

P.J. : 1

À SAVOIR

Commentaires

L'analyse de cette annonce permet de relever :

- deux critères objectifs :
  - âge : 25/30 ans
  - maîtrise Word et Excel.
- trois critères subjectifs, c'est-à-dire trois qualités : dynamisme, méthode, sens des contacts.

Cette candidate indiquera son âge dans la rubrique «Etat civil» de son CV.

Dans sa lettre, elle prouve qu'elle a bien les qualités requises pour le poste en évoquant un fait concret : le redressement de la situation comptable d'une PME en quelques mois, et le maintien de cette situation à long terme. L'organisation d'une politique de relance systématique des clients débiteurs, à la fois par écrit et par téléphone, dénote méthode, dynamisme et sens des contacts, ce qui répond aux demandes de l'annonce.

Cherchez à transmettre de façon claire l'information qui répond à la demande la plus importante formulée dans l'annonce.

Annonce 2

Société
Le Kremlin-Bicêtre (94)
recherche

Service RELANCE CLIENTS

JEUNE FEMME

25/30 ans, dynamique, organisée,
sens des contacts,
pour relance clients
et suivi règlements
Maîtrise Word et Excel exigée

Envoyer lettre manuscrite + CV à ....

Marie-Claire SCHNEIDER
72, rue Talbot
75012 PARIS
portable : ....
fax : ....

....
....

Paris, le 6 janvier 20..

Monsieur,

Votre annonce du 5 janvier parue dans l'Express a retenu mon attention, car elle correspond parfaitement à mon profil.

En effet, voici quatre ans que j'assure la facturation et le suivi des règlements pour une PME de la région parisienne. En arrivant dans l'entreprise, j'ai instauré un système de relance automatique des clients débiteurs par lettre personnalisée suivie de rappels téléphoniques, qui m'a permis, en quatre mois, de récupérer 70% des impayés de l'entreprise. Aujourd'hui, grâce au maintien de cette politique de suivi rigoureux, la société n'a plus d'arriérés.

Cette expérience, alliée à une parfaite maîtrise des outils informatiques, peut sans doute vous intéresser. Je vous propose que nous en discutions ensemble prochainement. Dans cet objectif, je vous adresse ci-joint mon CV qui fait le point sur mon parcours.

Je vous contacterai le 12 janvier afin que nous puissions fixer une date pour un entretien, et dans cette attente, je vous prie d'agréer, Monsieur, l'expression de mes salutations distinguées.

Signature

P.J. : 1

À SAVOIR

Commentaires

Cette annonce rigoureuse expose clairement ses critères objectifs :

- diplôme : BTS ou BP,
- expérience : 4 ans minimum,
- compétence particulière : maîtrise Word, Excel, et logiciels de comptabilité
- anglais courant, allemand souhaité.

Ce candidat possède une expérience satisfaisante pour le poste, mais ne parle pas l'allemand.

Dans sa lettre :

- au premier paragraphe, il fait référence à l'annonce à laquelle il répond ;
- au deuxième paragraphe, il développe les compétences acquises dans chacun des postes qu'il a occupés ;
- au troisième paragraphe, il évoque son CV et sollicite l'entretien.

Dans son CV, il mettra l'accent sur ses compétences en informatique en créant une rubrique spécifique.

Annonce 3

Société située à ROUEN (76)
recherche

CHEF COMPTABLE

BTS ou BP
Expérience souhaitée
4 ans minimum
Maîtrise Word, Excel, Cegi et Marstria
Suivi comptable et social jusqu'au bilan
Anglais courant, allemand souhaité

Adresser lettre manuscrite + CV + photo à...

Julien CAUBET
26, rue de la Poterne
27200 VERNON
tél. : .... (Répondeur)

Monsieur GIRAUD
Cristallerie de l'Ouest
9, rue Thiers
76000 ROUEN

Vernon, le 19 février 20..

Monsieur,

Vous recherchez par votre annonce du 18 février dans le Marché de l'Emploi un chef comptable qui ait au moins quatre années d'expérience.

Pour avoir assuré successivement le suivi comptable et social de trois entreprises, j'ai acquis en huit ans une compétence approfondie de tous les aspects du poste : comptabilité intégrale, états mensuels, suivi de trésorerie et de budgets... Ma pratique de l'anglais courant, et ma connaissance des logiciels comptables m'incitent à penser que mon profil vous intéressera.

Je vous adresse sous ce pli mon CV qui vous expose le détail de mes activités professionnelles et de mes savoir-faire. Je pense qu'il serait judicieux que nous nous rencontrions afin d'étudier une éventuelle collaboration. Je vous contacterai donc le 25 février afin de prendre date.

Vous remerciant de l'attention que vous porterez à cette lettre, je vous prie d'accepter, Monsieur, l'expression de mes sentiments distingués.

Signature

P.J. : C.V.

À SAVOIR

Commentaires

L'entreprise définit bien le profil recherché :

- Quatre critères objectifs :
  - diplôme : deux ans de formation après le Bac (BTS, LEA...),
  - expérience : significative,
  - compétence particulière : maîtrise outils informatiques,
  - langues : anglais courant.
- Trois critères subjectifs : sens des contacts, méthode, autonomie.

Cette jeune femme a beaucoup d'atouts pour que sa candidature soit étudiée avec attention : un Bac + 2, l'anglais courant, une expérience diversifiée et significative, des fonctions qui supposent méthode, autonomie et sens des contacts...

Hors texte, elle fait référence à l'annonce à laquelle elle répond.

- Au premier paragraphe, elle reprend les critères subjectifs de l'annonce, c'est-à-dire les qualités du profil idéal.
- Au deuxième paragraphe, elle situe son activité.
- Au troisième paragraphe, elle expose ses compétences et évoque ses prétentions de salaire, comme le demande l'annonce.
- Au quatrième, elle annonce son CV et sa prochaine relance avant de prendre congé.

Illustrez dans votre lettre de motivation à l'aide d'exemples précis les qualités demandées dans l'annonce.

Annonce 4

VACAZUR
N°1 de l'immobilier de vacances et de loisirs
basé à Paris
recherche
pour son directeur général

SECRÉTAIRE DE DIRECTION

De formation Bac + 2, cette candidate parle couramment anglais ; elle a déjà une solide expérience de cette fonction et maîtrise parfaitement les outils bureautiques. Elle a des qualités relationnelles, le sens de l'organisation, elle fait preuve de rigueur et d'autonomie.

Sa mission sera de prendre en charge le secrétariat : accueil téléphonique, gestion de l'agenda, organisation des réunions et des déplacements, suivi des dossiers.

Merci d'adresser lettre manuscrite, CV , prétentions de salaire et photo sous référence à ...

NADINE REGNARD
7, rue de Thann
75017 Paris
01 ....

Monsieur Pierre NISARD
VACAZUR
9, avenue Rapp
75007 PARIS

Paris, le 20 janvier 20..

Votre annonce du 18 janvier parue dans le Figaro

Monsieur,

Vous recherchez pour votre Directeur général une collaboratrice organisée, rigoureuse, autonome et qui possède de bonnes qualités relationnelles.

Actuellement en poste dans une société de Bourse américaine, je pense être en mesure de vous offrir ce que vous attendez.

Parfaitement bilingue, j'organise mes activités en totale liberté, prends les initiatives que j'estime nécessaires à la bonne marche de l'entreprise, planifie, organise, suis les déplacements du directeur, et joue le rôle d'interface avec la maison mère à New York. Mes compétences me permettent, je pense, de prétendre à une rémunération annuelle de ...... €.

Mon CV ci-joint fait état des multiples fonctions qui sont les miennes. Je me permettrai de vous contacter le 28 janvier pour prendre des nouvelles de ma candidature, et dans cette attente, je vous prie de croire, Monsieur, à ma considération distinguée.

Signature

P.J. : 1

À SAVOIR

Commentaires

Cette annonce fixe le profil du candidat d'après plusieurs critères objectifs :

- âge : 35/45 ans,
- formation : supérieure sans préciser dans quel domaine,
- connaissances en anglais et en informatique,
- expérience réussie sans indication de la durée.

La description des missions qui seront confiées au collaborateur sous-entendent un certain nombre de qualités qui ne sont pas clairement exprimées, mais qu'il est nécessaire de décrypter :

- rigueur pour assurer la gestion et l'administration ;
- capacité à motiver une équipe pour entraîner et encadrer le personnel ;
- sens des contacts, imagination et dynamisme pour effectuer les relations publiques du syndicat.
- Ce candidat découvre l'annonce en rentrant de voyage ; il explique les raisons de sa réponse tardive au premier paragraphe, afin de ne pas paraître nonchalant, dilettante, ou peu motivé.
- Aux deuxième et troisième paragraphes, il dresse son portrait : les fonctions exercées dans ses emplois successifs, qui prouvent son adéquation avec le poste proposé, ses diplômes et ses connaissances en anglais et en informatique.

Il est parfois nécessaire de lire entre les lignes et de décrypter les qualités qu'exige le descriptif du poste.

Annonce 5

DIRECTEUR

Le syndicat régional du Languedoc-Roussillon recherche son directeur.

Vos principales missions : la gestion et l'administration du syndicat, l'organisation de son développement.
- gestion budgétaire et financière
- encadrement et animation du personnel
- suivi des dossiers administratifs
- actions de promotion et de relations publiques

Vous avez : 35/45 ans, une formation supérieure, une bonne pratique de l'anglais et des outils informatiques, une expérience réussie dans le domaine du Tourisme.

Merci d'adresser votre lettre + CV + photo sous référence DB 97800 à notre Conseil.....

Renaud FABRE
2 rue Saint-Dominique
75007 PARIS
tél. ....
portable ....

Monsieur Claude MONTEIL
HDP Partners
70, avenue de Gérone
66000 PERPIGNAN

Paris, le 20 décembre 20..

V/Ref : DB 97800

Monsieur,

Rentrant d'un déplacement à l'étranger, je découvre aujourd'hui votre annonce parue dans l'Express du 4 décembre concernant le recrutement d'un directeur pour le syndicat régional du Languedoc-Roussillon.

L'excellent souvenir que je garde de l'exercice d'une fonction similaire motive ma démarche.

J'ai consacré au Tourisme l'essentiel de mon parcours professionnel depuis vingt ans. Ainsi que vous pourrez le constater par la lecture de mon CV, j'ai exercé des missions fort variées qui m'ont permis d'acquérir une expérience dans les domaines de la gestion administrative, financière et commerciale, de l'animation d'équipes, de l'organisation d'opérations de relations publiques et de presse, tant à l'échelon national qu'international.

Pour compléter ce profil, je précise que je possède le diplôme de l'Institut d'Administration des Entreprises, et que je maîtrise bien l'anglais et les outils informatiques.

Souhaitant que cette première approche retienne votre attention, je vous prie de croire, Monsieur, à ma considération distinguée.

Signature

P.J. : 1

À SAVOIR

Commentaires

Cette annonce comporte trois critères objectifs : l'âge, la formation et l'expérience.
Ce candidat est un peu jeune pour le poste proposé, et il a une première expérience courte. Deux critères de sélection qu'il ne satisfait pas. C'est beaucoup, mais le poste l'attire vraiment. Il tente sa chance : il ne cache pas la situation, mais évoque en contrepartie de ses faiblesses la variété de ses compétences et de ses responsabilités, expliquée dans son CV joint, ainsi qu'un résultat commercial positif.
Il sollicite le rendez-vous, et évoque la rémunération sans fixer de chiffre pour pouvoir négocier, en entretien, un plan d'évolution de carrière.

Annonce 6

Surgelés GELFROID
recherche

RESPONSABLES DE MAGASINS

Strasbourg - Brest - Aubervilliers - Pontoise

Vous avez entre 25 et 30 ans
De niveau Bac, vous avez une première expérience
Envoyez lettre avec C.V. et prétentions de salaire à ....

Fabien Durand
7, bd Lavoisier
78300 POISSY
tél. ....

Monsieur Cyprien Grimaud
GELFROID
18, rue Gabriel Péri
93100 MONTREUIL

Poissy, le 8 décembre 20..

Monsieur,

Votre annonce du 7 décembre 20.. dans France-Soir fait appel à des responsables de magasin pour plusieurs de vos succursales. Votre proposition pour le magasin de Pontoise m'intéresse particulièrement.

A 23 ans, titulaire d'un bac STT, j'ai effectué un remplacement de quatre mois chez Huit-à-Huit à Paris. Cette expérience vous paraîtra peut-être un peu courte, mais mon C.V. ci-joint vous informera de la diversité de mes tâches et de l'étendue des responsabilités qui me furent très rapidement confiées. En six semaines, j'ai réussi à augmenter le chiffre d'affaires de la supérette de 15%, grâce à une restructuration des rayons, et à des conseils personnalisés aux clients.

Je souhaiterais vous rencontrer très rapidement afin de pouvoir le commenter, et évoquer avec vous ma rémunération. Aussi prendrai-je rendez-vous avec votre secrétaire la semaine prochaine.

Avec mes remerciements pour l'attention que vous porterez à ma candidature, je vous prie d'accepter, Monsieur, l'expression de mes sentiments distingués.

Signature

P.J. : 1

À SAVOIR

Commentaires

Cette annonce est très laconique : l'employeur n'a aucune exigence. Il est d'autant plus difficile d'y répondre. Le meilleur moyen d'attirer l'attention est d'évoquer les qualités inhérentes à ce poste.

- Cette candidate précise qu'elle occupe déjà cette fonction depuis plusieurs années, ce qui suppose qu'elle a acquis une certaine expérience, et qu'elle travaille dans des familles différentes, ce qui implique qu'elle s'adapte facilement.
- Elle explique la raison pour laquelle elle souhaite changer son mode d'activité, et pourquoi ce temps partiel lui convient bien.
- Pour valider les qualités qu'elle prétend avoir, elle propose de remettre à l'employeur, au cours d'un rendez-vous, une liste de références. Cette idée est très positive pour sa candidature, car elle montre sa motivation.

En l'absence d'indications précises sur les qualités requises, mettez en avant les qualités inhérentes au type de poste proposé.

Annonce 7

CLINIQUE OUEST PARISIEN
recherche

EMPLOYÉS (ÉES) DE SERVICE

du lundi au samedi
de 8 heures à 14 heures
pour préparation des repas et nettoyage

Envoyer lettre de motivation en expliquant
les raisons pour lesquelles vous désirez ce temps partiel

Claudine FREMONT
27, bd du Midi
92000 NANTERRE
tél. ....

Monsieur Alain Burgaud
Clinique de l'Ouest
10, avenue Albert 1er
92800 RUEIL-MALMAISON

Nanterre, le 15 décembre 20..

Monsieur,

Vous recherchez, par votre annonce parue le 12 décembre 20.. dans France-Soir, des employés de service à temps partiel.

Je travaille pour plusieurs familles comme employée de maison, mais je souhaiterais avoir un emploi plus régulier et plus stable. Les horaires que vous proposez, de 8 heures à 14 heures, me conviennent particulièrement bien, car je pourrais ainsi m'occuper de mes enfants qui sont scolarisés.

Je suis soigneuse, organisée, ponctuelle, et accoutumée à la préparation d'une cuisine familiale et saine. Je pense que ce sont là les qualités que vous attendez de vos nouveaux collaborateurs.

Je me permettrai de vous contacter dans le courant de la semaine prochaine afin de pouvoir venir me présenter et vous remettre une liste de références. Dans cette attente, je vous prie d'agréer, Monsieur, l'expression de mes salutations distinguées.

Signature

À SAVOIR

Commentaires

Deux critères objectifs :

- âge,
- expérience,

et deux critères subjectifs :

- sens de la négociation,
- sens de la prospection,

sont mentionnés dans cette annonce.

- Ce candidat «attaque» sa lettre par une phrase péremptoire qui ne laisse aucun doute sur son adéquation avec le profil recherché.
- Il poursuit avec quelques traits de son expérience qui prouvent qu'il a bien les qualités demandées, et il donne un résultat probant de son activité.
- Il insiste sur sa disponibilité. Remarquez l'appellation «Messieurs» en l'absence de la mention d'un destinataire précis dans l'annonce.

La disponibilité d'un candidat est un atout très apprécié de la plupart des recruteurs.

Annonce 8

Dans le cadre du renforcement de sa force de vente,
société de papeterie-fourniture de bureau
recherche

DIRECTEUR RÉGIONAL DES VENTES

28-40 ans
expérience réussie dans la vente
sens de la négociation et de la prospection
Rhône-Alpes

Envoyer lettre manusrite avec C.V. et photo
sous référence YL- 36 à ....

Stéphane ROBIN
32, rue de la Poste
13008 MARSEILLE
tél. ....

Emploi Conseils
37, boulevard Montmartre
75002 PARIS

Annonce du 11 décembre 20..
Entreprises et Carrières
refYL - 36

Marseille, le 12 décembre 20..

Messieurs,

Vous cherchez un commercial qui ait fait ses preuves : mon profil vous intéressera.

Directeur régional des ventes depuis 1998, j'anime une équipe de six chefs de secteurs sur la région Languedoc-Roussillon. Notre chiffre d'affaires a progressé en cinq ans de 30%. Voici quelques unes de mes réalisations : j'ai mis en place et j'assure le suivi des comptes d'exploitation par clients-secteurs, j'ai créé plusieurs outils d'aide à la vente, j'ai lancé une campagne de prospection de nouveaux clients... Mon C.V. ci-joint détaille mes nombreuses fonctions.

J'ajoute que je suis parfaitement disponible.

Je souhaite vous rencontrer prochainement pour envisager ensemble une éventuelle collaboration. Devant séjourner à Paris pendant les fêtes de Noël, je vous contacterai le 18 décembre pour organiser un rendez-vous à votre convenance.

Veuillez agréer, Messieurs, l'expression de mes sentiments distingués.

Signature

P.J. : 1

À SAVOIR

Commentaires

Cette annonce est à la fois très complète, très explicite et très exigeante. Les critères de sélection sont parfaitement identifiables :

- objectifs : âge, formation, expérience,
- subjectifs : trois qualités à démontrer.

Ils forment le fil conducteur du texte de la lettre.

- Ce candidat expose au deuxième paragraphe, après une ligne d'introduction, sa formation et son expérience.
- Il dépeint au troisième paragraphe ses qualités, qu'il illustre par une de ses réalisations pratiques.
- Il provoque l'entretien au quatrième paragraphe.

Annonce 9

Nous recherchons un

DIRECTEUR DES RESSOURCES HUMAINES

- ses qualités : rigueur, organisation, sens du contact
- son âge : entre 30 et 40 ans
- sa formation : diplôme de l'enseignement supérieur
- son expérience : 5 ans minimum dans un poste similaire
- ses connaissances : d'ordre juridique, comptable et fiscal
- sa mission : assurer l'administration du personnel (800 salariés)

Envoyer lettre, C.V. et prétentions sous référence 34-586 à ...

Alain BERTHELOT
43, rue du Ranelagh
75016 PARIS
tél. ....

Benson & Associés
7, avenue Rapp
75007 PARIS

V/Ref 34-586

Paris, le 8 janvier 20..

Messieurs,

Vous recherchez pour l'un de vos clients un directeur des Ressources humaines.

Docteur en droit, et directeur du personnel depuis neuf ans, je pense avoir acquis une parfaite maîtrise des tâches subordonnées à ce poste : recrutement et formation du personnel, administration, relations sociales, gestion prévisionnelle des carrières. Ma rémunération actuelle est de ... € par an.

Mes qualités de rigueur, de méthode, mon sens du contact et de la négociation m'ont permis de mettre en application les 35 heures alors que les nouvelles grilles horaires nécessitées par la loi étaient refusées par la majorité du personnel. Ces qualités alliées à mes compétences me permettent de croire que mon profil correspond à celui du collaborateur que vous souhaitez embaucher.

Mon C.V. ci-joint vous permettra de mieux apprécier mon parcours professionnel. Je serais heureux de l'illustrer au cours d'un prochain entretien et me permettrai de vous contacter dans la semaine du 12 janvier pour prendre rendez-vous.

Dans cette attente, je vous prie de croire, Messieurs, à ma considération distinguée.

Signature

P.J. : 1

À SAVOIR

Commentaires

L'âge et l'expérience sont les seuls critères objectifs de cette annonce. Par ailleurs, l'employeur explique en détail les missions qui seront confiées au candidat recruté. Cette candidate annonce son expérience de cinq ans dès le début du deuxième paragraphe, résume l'essentiel de ses fonctions en donnant des précisions chiffrées : 10 filiales, séminaires annuels, et suggère la lecture du CV qui donnera le détail des missions.

Annonce 10

IMPORTANTE CHAÎNE DE DISTRIBUTION
Région parisienne
recherche

UN(E) RESPONSABLE DU SERVICE COMMUNICATION

Sa mission :

- mettre au point une politique de communication interne
- mettre en œuvre la politique proposée
- coordonner les actions entreprises

Vous avez 30/35 ans et une expérience de 5 ans dans un poste similaire.

Ecrivez sous la référence 453 - LF à ...

France BAILLY
8, rue Frédéric Sauton
75005 PARIS
tél. ...

Benson & Associés
7, avenue Rapp
75007 PARIS

Paris, le 14 janvier 20..

V/Ref : 453. LF

Messieurs,

Votre client recherche un responsable pour son service de communication interne.

Pour être depuis plus de cinq ans chargée par la Société B.N. de la direction du bulletin mensuel de liaison entre les dix filiales du groupe, et de la préparation des séminaires annuels, j'ai acquis une grande expérience de la communication interne des grandes entreprises. Mon C.V. ci-joint vous permettra d'apprécier l'étendue de mes responsabilités à ce poste.

Je vous contacterai le 20 janvier afin de prendre rendez-vous ; vous rencontrer me permettra de vous exposer plus aisément mes projets et mes motivations.

Dans cette perspective, je vous prie d'accepter, Messieurs, l'expression de mes salutations distinguées.

Signature

P.J. : un C.V.

À SAVOIR

Commentaires

Une importante société de distribution recherche un directeur pour un poste aux Antilles. Voici le premier critère, qui est géographique. Le candidat doit avoir une bonne raison de souhaiter y travailler. Autre critère : l'expérience de ce type de responsabilités.

Le candidat qui répond à cette annonce relevée sur le net par mail va droit au but :

- au premier paragraphe, il situe son poste, sa fonction, ses résultats,
- au deuxième paragraphe, il évoque la raison pour laquelle il est attiré par un poste aux Antilles,
- au troisième paragraphe, il sollicite l'entretien.

Si vous sollicitez un poste à l'étranger, il est important d'indiquer les contacts que vous avez avec le pays concerné.

Annonce 11

Groupe de distribution leader sur le marché Antilles-Guyane
(1 200 personnes - 1,5 milliards de C.A.)
recherche pour les Antilles

DIRECTEUR D'HYPERMARCHÉ

• votre mission : la responsabilité de la bonne marche du magasin dans son ensemble, et la mise en application de la politique commerciale du groupe
• votre profil : vous avez une réelle expérience de ce type de poste, vous êtes un bon gestionnaire, un meneur d'hommes et un animateur commercial.

Envoyez C.V. avec photo et lettre
à ... ou déposez votre candidature sur
www marchalchampion.com

De : Charles-Henri ASTIER
A : marchalchampion.com

Versailles, le 13 janvier 20..

Messieurs,

Directeur du supermarché ATTACK à Deuil-la-Barre depuis trois ans, je gère un stock de ... M€. Notre chiffre d'affaires est passé, sur cette période, de ... M€ à ... M€. L'animation commerciale du magasin et l'encadrement de 30 salariés font partie de mes responsabilités. Mon C.V. ci-joint vous donnera de plus amples informations sur mes réalisations.

Vous constaterez aussi que j'ai effectué mon service militaire aux Antilles ; j'y ai gardé de très bons contacts.

Mon expérience me permettrait, j'en suis sûr, de vous apporter une fructueuse collaboration. Je souhaiterais m'en entretenir avec vous de vive voix, aussi je me propose de vous téléphoner le 22 janvier afin que nous puissions prendre rendez-vous.

Entre-temps, je vous prie d'agréer, Messieurs, l'expression de mes sentiments distingués.

Signature

P.J. : 1

À SAVOIR

Commentaires

Cette annonce est plurifonctions : l'entreprise recherche plusieurs collaborateurs pour des postes différents. Mais elle ne comporte aucun critère de sélection, aucune exigence. Elle ne demande même pas de CV. Comment faire pour retenir l'attention de cet employeur ?

- Premier point : par souci de clarté, annoncez d'emblée pour quel poste vous adressez votre candidature, puisque plusieurs emplois sont proposés.
- Deuxième point : en l'absence de mention de critères de sélection, un candidat a toujours intérêt à mettre en valeur son expérience et sa disponibilité, qui sont deux valeurs sûres appréciées par les employeurs.

Une expérience professionnelle riche peut compenser un manque de diplôme.

Annonce 12

SUPERMARCHÉ OUEST PARISIEN
recrute

CHEFS DE RAYON non alimentaire
EMPLOYÉ(E) LIBRE-SERVICE épicerie
CAISSIÈRE horaire à la carte

Envoyer lettre de motivation à ....

Nora HAMDOUCH
15, rue de Bruxelles
78500 SARTROUVILLE
tél. ....

SHOPI
9, rue Sainte-Marie
78170 LA CELLE-SAINT-CLOUD

Sartrouville, le 12 décembre 20..

Messieurs,

J'ai appris par votre annonce du 10 décembre 20.. parue dans le Marché de l'Emploi que vous recherchiez une caissière.

J'occupe cette fonction depuis trois ans dans un supermarché de l'est parisien, mais je souhaiterais travailler plus près de mon domicile.

Ponctualité, méthode et sens des contacts sont les qualités que je peux mettre à votre service. Célibataire, je suis disponible pour m'adapter aux horaires de travail qui vous conviendront.

Je me permettrai de vous contacter le 17 décembre afin de prendre rendez-vous pour venir me présenter. Dans cette attente, je vous prie d'accepter, Messieurs, l'expression de mes salutations distinguées.

Signature

Lettres en candidature spontanée

Dans la démarche de candidature spontanée, ce n'est pas l'entreprise qui vient vers vous ; c'est vous qui allez vers elle.

Pour être efficace, rappelons que vous devez bien choisir votre cible, en fonction de votre profil et de vos désirs.

Pour définir les entreprises à contacter avec un maximum de chances de succès, vous disposez de plusieurs pistes :
- le réseau relationnel,
- les salons professionnels et les forums emploi,
- les recherches personnelles, via la presse, la publicité, les annuaires professionnels...

Lettres sur recommandation

Le nom d'une de ses relations en première ligne d'une lettre de motivation incite incontestablement un employeur à poursuivre sa lecture, même s'il ne cherche pas de collaborateur dans l'immédiat. Ce nom agit comme un laissez-passer. Cette faveur toute relative ne dispense pas de rédiger une lettre de qualité, au contraire ; vous ne devez pas faire regretter à la personne qui vous a aidée son geste d'amitié. Quelle que soit l'issue de votre démarche, n'oubliez pas de remercier pour l'appui apporté, par téléphone ou par lettre *(rendez-vous page 151)*.

À SAVOIR

Investissez le marché caché

Metteur en scène et acteur, c'est vous qui menez le jeu. Multipliez les pistes, occupez le terrain. Faites vos relations publiques. Objectif : l'emploi, tout de suite.
On dit que la chance sourit aux audacieux : ayez l'audace de faire des recherches sérieuses pour définir les entreprises que votre expérience va intéresser. Appliquez-vous à rédiger pour chacune une lettre personnalisée. Ayez l'audace de relancer vos interlocuteurs et de demander à être reçu pour être conseillé. Soyez assidu, motivé, professionnel. Si vous n'êtes pas embauché, vous vous serez fait connaître.

CONSEIL

Votre devoir d'excellence

X ou Y vous a introduit dans une entreprise. Vous êtes reçu demain en entretien.
Soyez ponctuel, ayez une présentation impeccable, soyez courtois, souriant, ouvert. Vous n'avez pas le droit de décevoir votre «contact».

Lettre 1

Catherine TOURNIER
57, rue Anatole France
92700 COLOMBES
tél. ....

Madame LEBON
Editions de la Seine
6, rue Mazarine
75006 PARIS

Colombes, le 8 novembre 20..

Madame,

L'un de vos fournisseurs, Alain Dervaux, fait souvent l'éloge de votre entreprise dont il admire l'évolution.

Sans doute avez-vous besoin, pour accompagner cette progression, de collaborateurs ambitieux et disponibles ?

Diplômée de l'Institut Supérieur d'Enseignement des Relations Publiques, titulaire d'une maîtrise d'anglais, j'ai suivi un parcours très diversifié qui me permet d'être compétente dans les domaines de l'administration, du commercial et de la communication.

Cette polyvalence me permettrait d'assumer le poste d'adjoint au Directeur général d'une entreprise comme la vôtre. En effet, comme vous le constaterez à la lecture de mon CV, j'ai une expérience significative du milieu de l'édition.

Je suis à votre entière disposition pour discuter plus avant avec vous d'une possibilité de collaboration, et vous prie d'agréer, Madame, l'expression de mes salutations distinguées.

Signature

PJ : un CV

À SAVOIR

Commentaires lettre 1

Cette candidate a l'âme d'une butineuse : après avoir travaillé dans quatre entreprises différentes en six ans, elle recherche un autre poste. Instabilité ou impatience ?
Ce type de parcours papillon n'attire pas les employeurs qui craignent de voir partir leur nouvelle recrue au bout d'un an ou de dix-huit mois, lorsque, intégrée à l'équipe en place, elle est pleinement efficace.
Contrepartie de ces changements successifs : des compétences diversifiées qui peuvent intéresser une PME.
Cette jeune femme met l'accent sur cet aspect positif de son parcours :

- au premier paragraphe, elle mentionne le nom de la personne qui lui a conseillé de contacter cette entreprise,
- au deuxième paragraphe, elle évoque sa polyvalence,
- au troisième paragraphe, elle explique en quoi elle serait utile à l'entreprise,
- au quatrième paragraphe, elle prend congé.

À SAVOIR

Commentaires lettre 2

Satisfait de l'évolution de carrière qu'on lui proposait, ce candidat est resté pendant plus de quinze ans dans la même entreprise. Aujourd'hui, après six années au même poste, il lui paraît improbable d'espérer à court terme une promotion. Il est confronté à une alternative : rester fidèle et risquer d'attendre encore longtemps une ouverture, mais il est dangereux d'attendre d'avoir plus de 50 ans et 25 ans de maison pour bouger, ou bien envoyer une candidature spontanée à des entreprises rigoureusement sélectionnées.

Il a bénéficié, pour ce contact, de l'appui d'un ancien collègue qui a prévenu le chef d'entreprise de sa candidature. Il l'annonce dans le premier paragraphe de sa lettre.

Il expose ensuite dans le deuxième paragraphe l'essentiel de son expérience.

Lettre 2

Jean-Marie GAUTHIER
8, rue Scheffer
75016 PARIS
tél. ....

Monsieur Michel DELMAS
Banque de l'Ouest
10, place Vendôme
75001 PARIS

Paris, le 16 janvier 20..

Monsieur,

Daniel Vannier vous a averti de ma démarche. Il me connaît bien: nous avons travaillé ensemble pendant deux ans et avons gardé de cette étroite collaboration une grande estime mutuelle.

A la direction de trois agences et d'un centre d'affaires de la Société Générale, comme vous le montre mon CV ci-joint, j'ai acquis une expérience de plus de quinze ans dans la gestion de clientèle, l'élaboration de budgets, l'analyse financière et le management d'équipes. Je suis depuis six ans chef de projet au sein de l'organisation centrale.

Daniel Vannier m'a laissé entendre que mes compétences ne sauraient vous laisser indifférent. Je me propose de vous joindre le 25 janvier pour que nous puissions envisager de nous rencontrer prochainement.

Dans cette perspective, je vous prie d'agréer, Monsieur, l'expression de ma considération distinguée.

Signature

P.J. : 1

Lettre 3

Yves DUCHEMIN
14, rue du Dôme
92100 BOULOGNE
tél............
e.mail ....

Monsieur Eric LAURET
La Générale de Mécanique
Zone Industrielle
92230 GENNEVILLIERS

Boulogne, le 18 janvier 20..

Monsieur le Directeur,

L'un de mes camarades de promotion, Christian Denoux, est un de vos amis. Il m'a suggéré de vous adresser ce courrier, car vous envisagez, m'a-t-il dit, d'étendre vos activités.

Ingénieur INSA - Lyon, j'ai une expérience de dix-sept années de l'industrie mécanique, tant au plan de la production que de la gestion du personnel et d'équipes d'experts, ainsi que de la gestion financière et du suivi marketing. Mon CV ci-joint vous retrace les grandes lignes de mon parcours.

Je suis persuadé que ma connaissance de ce secteur dans toutes ses fonctions pourra vous être utile pour la réalisation de vos projets. Je vous contacterai la semaine prochaine afin que nous puissions en discuter.

Dans cette attente, je vous prie d'agréer, Monsieur le Directeur, l'expression de mes salutations distinguées.

Signature

P.J. : 1

À SAVOIR

Commentaires lettre 3

Ce candidat de 52 ans craint que son âge ne soit un frein à son évolution de carrière. De nombreux recruteurs préfèrent en effet des collaborateurs plus jeunes, réputés plus souples, plus adaptables et moins exigeants. En revanche, l'atout de la maturité, c'est l'expérience. C'est donc sur cet aspect de son profil qu'il doit mettre l'accent dans sa lettre.
Après avoir annoncé le nom de son camarade de promotion au premier paragraphe, il évoque dès le deuxième paragraphe ses deux points forts : son diplôme d'ingénieur, et le nombre d'années d'expérience, en précisant sa polyvalence.

Pour que votre âge ne vous pénalise pas, insistez sur votre maturité et votre expérience.

À SAVOIR

Commentaires

Il est essentiel de réagir vite à la suite d'un contact pris lors d'un salon ou un forum emploi. Cette candidate envoie le jour même par e-mail sa lettre et son CV à la personne rencontrée. Elle enverra le double de son dossier par la poste.

- Au premier paragraphe, elle fait référence à l'entretien sur le stand.
- Au deuxième, elle cite ses prestigieux diplômes, qui ne peuvent pas laisser un employeur indifférent, elle évoque ses stages en incitant à la lecture de son CV.
- Elle évoque son projet professionnel et termine par ses qualités personnelles.

Une attitude réactive permet de faire fructifier vos contacts.

Lettre par e-mail à une entreprise après un contact dans un forum

De : Florence LASSERRE www florencelasserre @ wanadoo.com
A : Elisabeth ROUSSEL www elisaroussel@aol.com

Le 20 janvier 20..

Madame

Lors de notre entretien, ce matin, sur votre stand au Forum de l'Emploi Porte Champerret, vous m'avez suggéré de vous envoyer un résumé de mon parcours. Le voici.

Titulaire d'un DESS de Droit social et d'une maîtrise de Droit des Affaires mention Bien, diplômée de l'IEP Paris section Service public, bilingue anglais, j'ai effectué, comme vous le constaterez sur mon CV ci-joint, plusieurs stages formateurs dans les services juridiques d'organismes publics et de sociétés privées.

Admise au Centre régional de Formation à la Profession d'Avocat de Versailles, je souhaite intégrer une entreprise qui me donne la possibilité d'exploiter mes compétences ainsi que mon sens de la rigueur et de l'exigence.

Je me permettrai de vous téléphoner le 27 janvier afin de convenir d'un rendez-vous et dans cette attente, je vous prie d'agréer, Madame, l'expression de mes salutations distinguées.

Signature

P.J. : un CV

Lettres à des entreprises sélectionnées par la presse

Lettre 1

Frédérique MARTY
45, rue de Tocqueville - 75017 PARIS
tél. ....
e-mail ....

Paris, le 6 janvier 20..

AXEL France
122 rue La Boétie
75008 PARIS

A l'attention de Madame DERMAGNE

Madame,

La presse économique a récemment publié un article informant que votre société était très bien implantée aux Etats-Unis, et que sa filiale de Dallas était en pleine expansion.

Diplômée de l'Ecole Supérieure de Commerce de Rouen, j'ai acquis une solide expérience du marketing grâce à plusieurs mois de stages en entreprise. Mon CV ci-joint vous apportera quelques précisions à ce sujet. Je souhaiterais maintenant, avant d'entrer dans la vie professionnelle, effectuer dès que possible un stage de six mois dans une filiale d'un groupe français à l'étranger.

Je serais très heureuse de mettre à votre disposition mes connaissances de l'animation magasin et de la gestion des stocks, mon enthousiasme et ma disponibilité. Parfaitement bilingue anglais, je pense pouvoi m'intégrer très facilement dans l'entreprise. Je vous adresse, avec mon CV, les noms et numéros de téléphone de quelques personnes avec lesquelles j'ai travaillé ; elles pourront, si vous le souhaitez, se porter garantes de mon efficacité.

A votre disposition pour vous rencontrer afin de vous donner de plus amples informations sur mon parcours, je vous prie d'agréer, Madame, l'expression de mes salutations distinguées.

Signature

P.J. : CV

À SAVOIR

Commentaires lettre 1

Cette jeune fille cherche un stage à l'étranger. Elle a relevé dans la presse un article sur une entreprise implantée avec succès aux Etats-Unis. Ce peut être une bonne piste pour elle. Elle se renseigne donc pour connaître le nom du DRH de l'entreprise.

- Elle mentionne les termes de l'article dans le premier paragraphe de sa lettre.
- Elle expose dans le deuxième paragraphe l'objet de sa démarche et annonce son CV, ainsi qu'une liste de références.
- Elle sollicite l'entretien dans le troisième paragraphe.

Mentionner un article que vous avez lu dans la presse permet de préciser votre motivation pour l'entreprise que vous sollicitez.

À SAVOIR

Commentaires lettre 2

Une expérience de huit années dans un pays étranger est un atout incontestable : connaissance de la langue, de la culture, carnet d'adresses. Ce candidat aimerait renouveler l'expérience qu'il a connue avec succès au Mexique. Après avoir, dans le premier paragraphe, expliqué la raison pour laquelle il a choisi cette entreprise, il résume en quelques lignes, dans le deuxième paragraphe, la fonction qu'il a occupée au Mexique et la durée de sa mission. Son CV détaillera ces huit années d'expatriation pour mettre en valeur ses compétences.

Lettre 2

Edouard CREPIN
62, rue Bernard Palissy
37000 TOURS
tél. ....
e.mail ....

Monsieur Laurent Barnier
Bernheim SA
4, rue du Moulin à Vent
37100 TOURS

Tours, le 18 novembre 20..

Monsieur,

Votre projet d'implanter une usine de cristallerie à Mexico, récemment annoncé par la presse, a suscité mon plus vif intérêt. En effet, j'ai été pendant huit ans le délégué au Mexique des Laboratoires DUMEZ, important groupe de l'industrie pharmaceutique pour lequel j'ai réalisé l'implantation d'une filiale en 1997. Cette mission m'a permis d'acquérir une excellente connaissance de la culture sud-américaine et je suis bien évidemment bilingue. D'autre part, étant célibataire sans charge de famille, ma disponibilité est totale. Mon CV ci-joint vous donnera un aperçu détaillé de mes fonctions.

Je pense que mon expérience pourrait vous être utile. Je souhaite vous en entretenir de vive voix, et vous propose de vous téléphoner le 24 novembre afin que nous puissions convenir d'un rendez-vous.

Veuillez agréer, Monsieur, l'expression de mes salutations distinguées.

Signature

P.J. : 1

Lettres à des entreprises d'après une sélection personnelle

Lettre 1

Sébastien POURTEAU
4, rue Grande
60500 CHANTILLY
tél. ....

Monsieur LAMARE
«La Véranda»
12, rue Lamennais
75008 PARIS

Chantilly, le 5 décembre 20..

Monsieur le Directeur,

Serveur, puis chef de rang, et ensuite maître d'hôtel, ma carrière a suivi en dix ans une progression ininterrompue.

Maître d'hôtel au Golf Hôtel de Chantilly, je reçois quotidiennement une clientèle exigeante, sensible à une cuisine raffinée et à un service aussi discret qu'attentif.

Ponctuel, organisé, méticuleux, j'ai toujours apporté à mon travail la plus grande rigueur. J'ai perfectionné récemment mes connaissances en langue anglaise au cours d'un récent stage pour les professionnels de la restauration. Ainsi suis-je opérationnel pour exercer mon métier dans un établissement accueillant une clientèle internationale.

Mon CV ci-joint retrace mon parcours. Je vous contacterai prochainement afin que nous puissions convenir d'un rendez-vous : vos conseils me seraient très précieux pour orienter ma carrière.

Veuillez agréer, Monsieur le Directeur, l'expression de mes salutations distinguées.

Signature

P.J. : CV

À SAVOIR

Commentaires lettre 1

Maître d'hôtel dans un établissement de standing, ce candidat cherche à faire évoluer sa carrière. Il adresse une lettre de motivation au directeur d'un restaurant très renommé ; il ne lui présente pas directement sa candidature, mais, après avoir dressé son portrait, sollicite des conseils pour orienter son parcours.

- Au premier paragraphe, il met l'accent sur sa progression sans faute : cela laisse supposer qu'il est un professionnel dont la valeur est reconnue.
- Au second paragraphe, il définit le cadre de son activité présente.
- Au troisième paragraphe, il esquisse ses qualités personnelles et montre son désir de progresser en évoquant son stage de langue.
- Au quatrième paragraphe, il sollicite un rendez-vous.

Solliciter un conseil sur votre carrière est une manière subtile de décrocher un entretien.

À SAVOIR

Commentaires lettre 2

Ce candidat a changé de cap au bout de sept ans de vie professionnelle. Ouvrier spécialisé chez Renault, puis technicien de maintenance chez un loueur de voitures, il s'est orienté ensuite vers la vente en grande surface. Ce changement de cap pourrait être considéré comme un handicap ; c'est pour lui, dans ce cas présent, un atout, puisqu'il postule pour un emploi de vendeur dans un point de ventes d'accessoires auto. Dans sa lettre, il définit les attentes de la clientèle et montre comment son expérience personnelle lui permettrait d'y répondre. Son CV présentera son parcours dans deux axes distincts : le technique et le commercial.

Lettre 2

Sylvain VALOIS
12, rue des Carmes
59220 DENAIN
tél. ....

Monsieur Luc Tisserand
Tout pour l'auto
3, rue d'Epinal
59000 LILLE

Denain, le 10 décembre 20..

Monsieur,

Votre magasin est le rendez-vous de tous les passionnés d'auto du département. Qu'attendent vos clients ? Un très grand choix d'articles, mais aussi des conseils sérieux.

Technicien dans le secteur automobile de location, puis chargé de vente dans une grande surface, j'ai une double expérience qui peut certainement vous intéresser : celle de la connaissance technique des voitures et celle de la psychologie de leurs utilisateurs. Ces atouts font de moi un interlocuteur privilégié pour vos clients.

Mon CV ci-joint vous permettra d'avoir un aperçu de mon parcours, que je vous propose de commenter dans les jours à venir. Aussi vous téléphonerai-je le 17 décembre afin de prendre rendez-vous.

Dans cette attente, je vous prie d'accepter, Monsieur, l'expression de mes salutations distinguées.

Signature

P.J. : 1

Lettre 3

Emmanuelle CHRISTIANSSEN
5, rue Voltaire
68100 MULHOUSE
tél..................

Madame BARRET
Les Champs-Philippe
15, rue de Reims
68000 MULHOUSE

Le 27 décembre 20..

Madame,

Voici plus de trois ans que je me consacre aux jeunes enfants et aux personnes âgées ; les uns et les autres ont besoin d'avoir auprès d'eux une personne attentive, responsable, qui les entoure d'affection et d'écoute et qui les seconde dans les gestes les plus élémentaires de la vie. Ces qualités, je les mets en pratique au quotidien, étant actuellement au service d'une dame de 82 ans dépendante.

Cette personne devant partir en institution spécialisée dans quelques jours, je serai disponible le 15 janvier. Mes compétences sont multiples : aide aux repas, toilette, ménage, lits, accompagnement à la promenade, animation... Elles seront prochainement attestées par le diplôme d'Etat d'auxiliaire de vie sociale que je prépare dans le cadre de la validation des acquis de l'expérience. Prête à m'intégrer dans une équipe, libre de charges de famille, je suis disponible pour assurer des permanences de nuit ou de fin de semaine.

Mon CV ci-joint fait état des différents emplois que j'ai occupés. Espérant que mon profil saura vous intéresser, je vous prie d'agréer, Madame, l'expression de mes salutations distinguées.

Signature

P.J. : 1

À SAVOIR

Commentaires lettre 3

Pas de diplôme, peu d'expérience pour cette jeune fille qui réussit pourtant, dans sa lettre, à montrer ses qualités personnelles, essentielles dans l'activité à laquelle elle se consacre.
Elle met l'accent sur sa disponibilité pour travailler la nuit ou le week-end : c'est un très bon point pour elle.
La lettre est sobre ; la jeune fille a très bien tiré parti d'une situation difficile.

À SAVOIR

Commentaires lettre 4

Toute demande d'emploi dans le secteur commercial doit être étayée de résultats chiffrés ; ce candidat a bien respecté ce principe : il cite cinq années d'expérience, une équipe de dix personnes, un chiffre d'affaires de + 8%, etc.
Le ton de sa lettre est tonique, assuré, et correspond bien à l'idée dynamique que l'on se fait d'un commercial performant.

Si vous postulez pour un emploi commercial, vous devez mentionner les résultats chiffrés que vous avez obtenus dans vos postes précédents.

Lettre 4

Bertrand CHAUMEL
9, rue Favier
76000 ROUEN
tél. ....

Monsieur Luc Tardieu
PUBLIART
15, rue Legris
76000 ROUEN

Rouen, le 16 janvier 20..

Monsieur,

Responsable de la commercialisation et de la promotion de la branche «arts de la table» de la société GIFTS, j'anime depuis cinq ans une équipe de dix représentants en région Normandie.

Grâce à une politique commerciale très personnalisée, j'ai obtenu une augmentation du chiffre d'affaires de ce département de 8% en trois ans, et accru le nombre de distributeurs de 40%.

J'ai la certitude que ma connaissance approfondie du marché et mon expérience de l'animation des équipes de vente me permettront de remplir avec succès les missions que vous me confierez.

Mon CV ci-joint décrit l'essentiel de mon parcours, mais je vous propose d'y apporter quelques commentaires au cours d'un prochain rendez-vous. Je vous téléphonerai le 22 janvier afin de prendre date. Dans cette attente, je vous prie de croire, Monsieur, à ma considération distinguée.

Signature

P.J. : 1

Lettre 5

Charlotte CARRET
17, rue des Archers
33000 BORDEAUX
tél. ....

Madame Sandrine MARTIN
Ladies Coiffure
4, rue Sainte-Catherine
33000 BORDEAUX

Bordeaux, le 10 novembre 20..

Madame,

La plupart des grands salons de coiffure proposent aujourd'hui à leurs clientes des soins esthétiques.

L'installation d'une cabine pour les soins du corps et du visage ne nécessite pas une superficie importante ni un investissement lourd. Cette initiative plairait certainement à votre clientèle.

Titulaire d'un BTS d'esthétique-cosmétologie, j'ai exercé en institut à Paris auprès d'une clientèle internationale, et me suis spécialisée dans le maquillage, comme vous l'indique mon CV ci-joint. La psychologie, la patience et la rigueur sont, outre mes compétences techniques, mes plus sûrs atouts pour réussir dans ce métier.

Je serais heureuse que nous puissions nous rencontrer afin d'évoquer un projet de collaboration. Je vous appellerai donc le 17 novembre afin de prendre rendez-vous. Dans cette attente, je vous prie d'agréer, Madame, l'expression de mes salutations distinguées.

Signature

CV en pièce jointe

À SAVOIR

Commentaires lettre 5

Plutôt que de demander un emploi, cette esthéticienne propose un projet qui prouve son intérêt pour son métier, son ouverture d'esprit, son dynamisme. Elle se donne ainsi la chance d'intéresser son interlocutrice qui sera certainement tentée de la recevoir. C'est alors qu'elle devra être persuasive et pragmatique, en fournissant des données concrètes sur l'installation d'une cabine de soins esthétiques : superficie nécessaire, coût d'installation, normes de sécurité et règlementation...

- Dans le deuxième paragraphe de sa lettre, elle éveille l'attention de son interlocutrice en émettant une idée.
- Elle définit ensuite son profil en quelques lignes qui renvoient à son CV : diplôme, expérience, qualités personnelles.
- Elle provoque l'entretien avant la formule de politesse rituelle.

En contactant un recruteur pour lui faire part de votre projet, vous faites preuve d'un tempérament dynamique, apprécié des employeurs.

CONSEIL

Salaire
Ne l'évoquez pas dans votre lettre. Attendez que le consultant aborde la question en entretien, après avoir étudié vos compétences.
Vous aurez peut-être une (bonne) surprise ?

À SAVOIR

Pour être en haut de la pile
Chaque cabinet a sa propre méthode de classement des candidatures, mais le principe est le même pour tous :
- les très bons, hauts potentiels voués aux postes à niveau élevé,
- les bons, qui seront certainement placés à court terme,
- les moyens, dont le parcours est classique, mais les prétentions raisonnables.

Et la corbeille : candidats dont le dossier est mal ciblé, ou candidats qui n'ont pas eu à l'égard des consultants une attitude correcte : CV mensongers dont les failles ont été dépistées, arrogance en entretien, caractère difficile.

Pour établir avec les cabinets auxquels vous vous adressez des relations de confiance, ciblez parfaitement vos lettres et soyez exigeant avec vous-même.

Lettres à des cabinets de recrutement

Une lettre à un cabinet de recrutement doit avoir les mêmes qualités de présentation qu'une lettre à un employeur potentiel : clarté, rigueur...

Mais le texte peut être légèrement différent. S'il est primordial de mettre en valeur l'essentiel de son parcours ou de son profil, il est souhaitable d'expliquer clairement les raisons du désir de changement d'orientation, et la nature ou les caractéristiques du poste recherché : une promotion qui se fait attendre, une évolution de carrière impossible dans une structure trop petite, un licenciement économique, un désir de mobilité suite à une situation de famille qui change...

Voici quatre lettres de cadres supérieurs qui, pour des raisons diverses, cherchent un autre emploi. Car les directeurs généraux, eux aussi, ont parfois des problèmes de carrière ! Ces exemples montrent comment il est possible, en quelques paragraphes, de décrire les points forts d'un parcours long et riche.

Tremplin pour l'emploi et relais d'information

Un cabinet de recrutement propose entre 30 et 200 postes par an. Son vivier de candidatures se compose de 1000 à 10 000 noms... Si lettres et CV sont bâclés, ils sont impitoyablement éliminés. Seules les candidatures sérieuses sont étudiées. A défaut d'offrir un emploi, la plupart des cabinets ne refusent pas d'apporter leurs conseils, soit en entretien particulier, soit par leur site Internet, soit par leur bulletin d'information :
- évolution du secteur,
- données sur les entreprises,
- fluctuations du marché.

Les cabinets sur Internet

Les sites se multiplient. Ils proposent des postes et reçoivent des candidatures. D'autres possèdent des bases de données par types de carrière interrogées régulièrement par les cabinets qui «piochent» les dossiers qui répondent aux impératifs des postes qu'ils doivent pourvoir. Certains cabinets ont leur propre site.
- **www cadremploi.tm.fr**
- **www netpage.tm.fr/emploi**

Lettre 1

Antoine GARNIER
22, rue Léon Guillot
78000 VERSAILLES
tél. ....
e-mail ....

SELTON & ASSOCIES
Monsieur Franck BERARD
4, avenue Georges-V
75008 PARIS

Versailles, le 18 novembre 20..

Monsieur,

Pharmacien de formation, je possède 23 ans d'expérience professionnelle dans l'industrie pharmaceutique.

Ces neuf dernières années, en tant que directeur de production chez DUMIER, j'avais en charge une équipe pluridisciplinaire importante, le poste couvrant également la responsabilité des services Recherche et Développement galénique, Maintenance et Logistique de production.

Homme de terrain, pragmatique, concret, attentif aux résultats et ouvert aux changements, je cherche aujourd'hui un poste de direction de production dans l'industrie pharmaceutique, parapharmaceutique ou vétérinaire.

Je possède une très bonne maîtrise de l'anglais professionnel, et ma mobilité géographique est totale.

Je reste à votre disposition pour commenter mon résumé de carrière que je joins à cette lettre, et vous prie de croire, Monsieur, à mes sincères salutations.

Signature

P.J. : 1

À SAVOIR

Commentaires lettre 1

Ce candidat à un poste de direction s'adresse à un cabinet de recrutement spécialisé dans les fonctions de haut niveau.

Cette lettre brève, très structurée, met bien en valeur les principales caractéristiques d'un parcours riche :

- Le candidat annonce son nombre d'années d'expériences, ce qui lui confère un niveau d'expertise important.
- Il développe ensuite son dernier poste.
- Il exprime ce qu'il recherche.
- Il ajoute deux éléments importants pour sa candidature : anglais et disponibilité.

Son CV dresse un état détaillé de sa carrière.

À SAVOIR

Commentaires lettre 2

Gros incident de parcours pour cet ingénieur électronicien très compétent qui a créé sa propre entreprise : la défaillance d'un gros client marque la fin des projets. Il s'adresse à un cabinet de recrutement spécialisé dans les postes technologiques, en expliquant le contexte qui le contraint à chercher un autre emploi. Sa lettre est assez généraliste, car elle s'adresse au directeur du cabinet, qui n'est pas un technicien ; son CV, en revanche, est très scientifique, car il est destiné à être transmis à des ingénieurs électroniciens qui devront apprécier si les compétences techniques du candidat sont celles dont leur entreprise a besoin.

La carte de la franchise - la société que vous avez créée a fait faillite, vous avez été licencié à la suite d'un plan de restructuration - peut être payante.

Lettre 2

Vincent LUQUET
8, rue de la Grange-aux-Loups
94330 CACHAN
tél. ....
portable ....
e-mail ....

Cabinet Freejob
Monsieur Luc CHALES
66, bd Saint-Germain
75006 PARIS

Cachan, le 30 août 20..

Monsieur,

Suite à de graves difficultés financières imputables au comportement d'un client, la société SEM Technologies, dont j'étais le fondateur et président-directeur général, a été mise en liquidation judiciaire après six ans d'activité.

Mes compétences techniques reconnues, en particulier dans le domaine du traitement du signal, ainsi que l'expérience de management acquise au cours de ces six dernières années me permettent de postuler à un poste de direction technique ou de direction générale en PME.

Mon CV ci-joint vous permettra de mieux appréhender mon profil professionnel. Toutefois, afin de valider l'adéquation de mes compétences aux postes que vous avez mission de pourvoir, je vous propose de nous rencontrer au plus tôt.

Je me permettrai donc de rappeler votre secrétariat sous huit jours afin de fixer un rendez-vous. Dans cette attente, je vous prie de croire, Monsieur, à l'expression de ma considération distinguée.

Signature

P.J. : 1

Lettre 3

Philippe ASTIER
5, avenue Carnot
75017 PARIS
tél. ....

Madame DARTOIS
VERNET et Associés
22, avenue Rapp
75007 PARIS

Paris, le 7 janvier 20..

Madame,

Ces cinq dernières années, en tant que directeur général d'une filiale française du groupe LEROY comprenant 300 personnes et réalisant un chiffre d'affaires de 70 Me, j'ai eu la responsabilité d'un centre de profit très autonome agissant sous ses propres marques.

A ce poste, ainsi qu'auparavant chez LEROY à Lyon et à Bordeaux, j'ai acquis en quinze ans une expérience industrielle significative dans la construction électrique. Mon CV ci-joint vous en trace les grandes lignes.

Ingénieur des Mines de Paris de formation, à bientôt 40 ans, je suis à la recherche d'un poste de direction générale d'un centre de profit dans la construction électrique, dans la plasturgie, ou dans la fabrication de biens d'équipement. Mais la responsabilité de direction d'usine ou de direction industrielle me conviendrait aussi parfaitement.

C'est avec plaisir que je vous présenterai mon projet professionnel au cours d'un entretien de prise de contact à votre convenance. Dans cette attente, je vous prie d'agréer, Madame, l'expression de mes salutations distinguées.

Signature

P.J. : C.V.

À SAVOIR

Commentaires lettre 3

Dans les deux premiers paragraphes de sa lettre à un cabinet spécialisé dans le recrutement de cadres dirigeants, ce candidat a mis l'accent sur son expérience.
Il annonce ensuite son diplôme, puis définit le poste qu'il recherche.
En quinze lignes, il a résumé quinze années d'expérience.

À SAVOIR

Commentaires lettre 4

Ce cadre supérieur de la banque ne peut plus espérer d'évolution de carrière dans sa situation actuelle ; il doit donc, pour espérer une promotion accompagnée d'une rémunération supérieure, se positionner sur le marché du secteur. Il adresse sa candidature à un cabinet de recrutement spécialisé dans la finance et la banque. Dans sa lettre de motivation, il dresse un résumé généraliste de sa carrière sans citer de nom, ni de chiffres ; il se borne à évoquer des orientations.

Une lettre de motivation généraliste est une manière d'inciter le recruteur à consulter le CV.

Lettre 4

Laurent TAINE
75, rue des Graviers
59000 LILLE
tél. ....

LENOIR & FERRAND
Madame GUILLOU
7, avenue Friedland
75008 PARIS

Lille, le 15 janvier 20..

Madame,

Dix-neuf années de carrière à des postes de responsabilité au sein de différents groupes bancaires m'ont donné l'occasion de développer mes compétences selon deux axes complémentaires :
- la conduite de projets, en participant activement à bon nombre de chantiers : création de filiales, action de réduction budgétaire, conception de schémas directeurs, mise en œuvre de projets informatiques,
- le management d'entreprise : participation aux choix stratégiques et mise en œuvre au sein d'un directoire, direction et animation d'équipes de plus de 50 personnes.

Vous aurez un aperçu plus précis de ma carrière en parcourant mon CV annexé à cette lettre.

Mon objectif est aujourd'hui d'approfondir cette double expérience au service d'un des acteurs majeurs de la profession bancaire.

Je me tiens à votre entière disposition pour vous rencontrer afin d'évoquer les possibilités d'évolution, et vous prie d'accepter, Madame, l'expression de mes salutations distinguées.

Signature

P.J. : 1

Les lettres de prospection

Compromis entre le CV et la lettre de motivation, la lettre de prospection est un **moyen rapide de présenter sa candidature** pour un stage d'observation (stage de lycéen), un job d'appoint, ou lorsque le parcours professionnel se résume en quelques lignes.
Mais dès qu'un candidat possède une expérience significative de la vie professionnelle, la lettre de prospection doit être remplacée par un **vrai dossier de candidature** composé d'une lettre de motivation + un CV.

À SAVOIR

Commentaires

Cette lycéenne cherche un stage d'observation d'une semaine. À 17 ans, elle n'a pas suffisamment d'expériences à son actif pour produire un CV intéressant. Il ne lui a pas paru utile d'énumérer ses petits boulots de baby-sitter. Elle a donc choisi d'adresser cette lettre à une entreprise que lui a recommandé son lycée.

- Dans le premier paragraphe, elle annonce ce qu'elle cherche.
- Dans le deuxième paragraphe, elle explique pourquoi elle a choisi cette entreprise.
- Dans le troisième paragraphe, elle évoque sa courte expérience et propose ses services.
- Dans le quatrième paragraphe, elle prend congé.

La lettre est directe, concise. L'entrepreneur sait immédiatement ce que cette jeune fille lui offre.

Une bonne initiative : la liste de références jointe en annexe à la lettre. Elle comportera les noms de deux ou trois personnes qui connaissent le sérieux de Philippine : un professeur, un parent d'enfant qu'elle garde, son précédent responsable de stage éventuellement.

Une liste de références jointe à la lettre de motivation peut être un bon moyen de rassurer le recruteur.

Recherche d'un stage d'observation

Philippine GéRARD
86, rue Perronnet
92200 NEUILLY
tél. 00 00 00 00 00

Madame ALAIN
CANON
4, quai de Dion-Bouton
92800 PUTEAUX

Neuilly, le 12 octobre 20..

Madame,

Elève de classe de Première L au lycée Victor-Hugo à Paris, je dois effectuer un stage d'observation en entreprise du 10 au 17 janvier prochain.

Je compte, après le baccalauréat, m'orienter vers des études de documentaliste. Le service «Documentation» que vous dirigez est réputé pour la modernité de ses équipements technologiques. Un stage dans votre service me permettrait de mieux connaître ce métier en ayant une approche de terrain.

Jusqu'à présent, ma connaissance du monde du travail se limite à un stage d'observation d'une semaine, en 1998, aux Laboratoires Roche à Paris, au cours duquel je me suis familiarisée avec l'Internet, et à des activités régulières de baby-sitter.

Mes compétences se limitent à des tâches subalternes (classement, photocopies, envoi de fax, consultation de sites Internet, traitement de texte), mais vous pourrez compter sur mon enthousiasme et ma disponibilité.

Je me permettrai de vous appeler le 25 octobre afin de connaître votre réponse, une convention de stage devant être signée avant le 10 novembre entre le lycée et l'entreprise. Vous remerciant de l'attention que vous voudrez bien porter à ma lettre, je vous prie d'agréer, Madame, l'expression de mes salutations respectueuses.

Signature

P.J. : une liste de références

Recherche d'un emploi saisonnier

Julien MICHEL
6, rue de la Ferronnerie
75005 PARIS
tél. portable : 00 00 00 00 00

Madame FERAUD
4, avenue Bosquet
75007 PARIS

Le 3 avril 20..

Madame,

Sophie REMOND, qui donne des cours de mathématiques à votre fils Paul, m'a appris que vous cherchiez un jeune homme ou une jeune fille pour s'occuper de vos trois enfants pendant le mois d'août prochain La Baule.

Etudiant en Maîtrise de Droit et Sciences politiques à l'Universit Panthéon-Assas, et titulaire du BAFA, j'exerce régulièrement, pour la mairie de Paris, des fonctions d'animateur auprès d'enfants de 3 à 12 ans: surveillance de cantine, encadrement en centre aéré, organisation de jeux et d'activités manuelles, entretien des locaux.

Cette expérience des jeunes enfants me permet de penser que je serai apte à assurer la surveillance de vos enfants pendant l'été : bains, repas, jeux, promenades, devoirs de vacances s'il y a lieu...

Afin que vous puissiez prendre des références, je vous adresse ci-joint le nom et le numéro de téléphone des personnes qui pourront attester mon sens des responsabilités, ma patience et mon sérieux.

Je suis à votre disposition pour venir me présenter, et me permettrai de vous téléphoner le 15 avril afin de connaître votre réponse.

Veuillez agréer, Madame, l'expression de mes salutations distinguées.

Signature

P.J. : 1

À SAVOIR

Commentaires

Cet étudiant recherche un emploi pour les vacances d'été. Une de ses amies lui a parlé d'une mère de famille qui souhaitait emmener un jeune homme ou une jeune fille pour assumer le quotidien et la surveillance de ses trois enfants.

Sa lettre de prospection comporte :

- au premier paragraphe, la mention du nom de la jeune fille qui lui a indiqué le nom de cet «employeur» saisonnier. Le destinataire de la lettre va immédiatement situer l'origine de cette candidature,
- au deuxième paragraphe, le niveau d'études en cours, le diplôme acquis et les fonctions qui permettent à Julien d'être apte à assumer les responsabilités de cet emploi,
- au troisième paragraphe, les services que Julien propose,
- au quatrième paragraphe : les références, très importantes pour cette activité qui exige un grand sens des responsabilités.

Enfin, Julien propose de venir se présenter ; pour ce poste, il est évident que l'entretien est décisif pour savoir si le contact s'établit bien, avec la mère comme avec les enfants.

Cette lettre est complète, et sa structure organisée donne une impression de rigueur. Le candidat paraît fiable.

À SAVOIR

Commentaires

Cette candidate qui a obtenu son CAP en 1997 a exercé son métier d'agent hospitalier auprès de personnes âgées successivement dans plusieurs structures ; dans chaque poste, elle a rempli les mêmes fonctions. Son CV se serait borné à une énumération d'établissements. Elle a préféré résumer ses activités dans une lettre de prospection, et l'accompagner d'une liste de références :

- au premier paragraphe, elle expose les raisons pour lesquelles elle s'adresse à cette maison de retraite,
- au deuxième paragraphe, elle mentionne son diplôme et les fonctions qu'elle a remplies dans ses différents postes,
- au troisième paragraphe, elle annonce sa liste de références,
- au quatrième, elle prend congé.

Si vous avez occupé le même type de poste dans des établissements différents, évitez une énumération fastidieuse de ceux-ci dans la lettre de motivation ; recensez-les plutôt dans une liste que vous joindrez à votre envoi.

Recherche de CDD ou CDI

Murielle CANET
9, rue Jean-Jaurès
92600 ASNIèRES
tél. portable 00 00 00 00 00

Monsieur JARRIN
Directeur
Les Champs-Philippe
6, avenue Joliot Curie
92000 NANTERRE

Asnières, le 12 octobre 20..

Monsieur le Directeur,

Le centre pour personnes âgées dépendantes que vous dirigez est très connu dans le département pour sa gestion rigoureuse, la qualité des soins et le cadre de vie agréable offert à ses pensionnaires.

Titulaire d'un CAP d'employée technique de collectivités, j'ai exercé mes fonctions d'agent de service hospitalier en CDD dans plusieurs services de long séjour et maisons de retraite des Hauts-de-Seine. J'ai ainsi acquis l'habitude des soins aux personnes âgées : réfection des lits, toilette, mobilisation, aide aux repas, animations.

Mes différents employeurs, dont je vous adresse ci-joint le nom et le numéro de téléphone, pourront témoigner de mes qualités relationnelles, de ma patience et de ma rigueur.

Je me tiens à votre disposition pour vous rencontrer, et me permettrai de vous téléphoner le 20 octobre afin de connaître votre réponse. Dans cette attente, je vous prie d'agréer, Monsieur le Directeur, l'expression de mes salutations distinguées.

Signature

P.J. : 1

Recherche d'une collaboration free-lance

Laura Delaunay
12, rue Cardinet - 75017 PARIS
tél. 00 00 00 00 00
fax 00 00 00 00 00
e-mail ....

Morceaux Choisis
8, rue La Fontaine
75016 PARIS

Paris, le 18 octobre 20..

A l'attention de Monsieur BLONDEAU

Monsieur,

Lors de ma visite au salon «Maison et Objet» en septembre dernier, j'ai admiré la qualité et l'esthétisme de vos réalisations. Votre collaboratrice m'a confié que vous étiez bien implanté sur le marché américain, et que vos projets d'exportation s'orientaient maintenant vers l'Italie.

En voyage à Rome et à Milan la semaine dernière, j'ai eu l'opportunité de montrer deux de vos articles que j'aime particulièrement, le sac à ouvrage en toile de Jouy rose, et le livre de réceptions en daim vert d'eau, à plusieurs directrices de magasins de décoration qui ont été très favorablement impressionnées ; elles vous contacteront cette semaine afin de passer commande.

Bilingue français-italien, ayant vécu en Italie pendant plus de vingt ans, je pense pouvoir, grâce à mes relations, à mon sens du contact et à mon dynamisme, vous aider à conquérir ce marché italien.

Je me permettrai de vous téléphoner sous huit jours : un rendez-vous nous permettra de discuter de vos projets et des miens, ainsi que des modalités d'une éventuelle collaboration. Dans cette attente, je vous prie d'agréer, Monsieur le Directeur, l'expression de ma considération distinguée.

Signature

À SAVOIR

Commentaires

Cette jeune femme n'a pas de passé professionnel, mais elle a des atouts susceptibles d'intéresser une entreprise qui souhaite exporter des objets de décoration en Italie : une parfaite connaissance du pays et de la langue, et des relations dans les villes les plus importantes d'Italie. Elle cherche une collaboration free-lance. Elle a testé le marché sur place, et ses premières approches ont été encourageantes. L'essentiel, dans cette candidature, se situe dans l'explication précise des raisons pour lesquelles cette jeune femme peut intéresser cette entreprise. Elle suit une présentation chronologique :

- premier paragraphe : les circonstances de la rencontre de la candidate avec l'entreprise,
- deuxième paragraphe : les raisons de la candidature,
- troisième paragraphe : les atouts linguistiques et relationnels de la candidate,
- quatrième paragraphe : l'ouverture sur un entretien.

Les lettres de remerciements

Au cours de vos démarches de recherche d'emploi, vous avez souvent besoin de conseils, d'appuis, de recommandations. À différents niveaux, **le réseau relationnel a une grande importance :** pour relire un CV dont vous n'êtes pas sûr, pour vous informer sur le marché de l'emploi dans le secteur qui vous intéresse, ou sur les besoins d'une entreprise, pour vous indiquer une piste, vous citer un nom, pour accepter de figurer sur votre liste de références, pour transmettre votre dossier à une entreprise, ou pour faire un mot de recommandation en votre faveur...

Toute aide implique un mot de remerciements de votre part. De vive voix ou par téléphone avec des proches, et par lettre avec les moins intimes. Question de courtoisie, mais aussi d'intérêt. On se souvient avec plaisir de quelqu'un qui a su montrer sa gratitude.

À SAVOIR

Commentaires

Cette candidate a envoyé lettre et CV à une maison d'édition sur le conseil d'un de ses partenaires professionnels. Elle n'a pas attendu d'avoir des résultats concrets de cet envoi pour informer ce partenaire coopératif que son courrier est parti. Son geste sera très certainement apprécié : beaucoup de gens qui donnent des conseils regrettent que l'on ne fasse pas cas de leurs recommandations, ou qu'on ne les tienne pas au courant des suites de l'aide.
La lettre se limite à quelques lignes : un premier paragraphe pour rappeler ce que son destinataire a fait pour elle, un second paragraphe pour expliquer comment elle a réagi. Cela suffit pour exprimer sa reconnaissance sans obséquiosité.

Un patron qui vous a donné des conseils pour orienter vos démarches appréciera que vous le remerciiez. Il pensera à vous s'il a un poste à pourvoir.

La lettre de remerciements

La lettre de remerciements est simple à rédiger. Quelques lignes suffisent pour faire passer le message. En voici deux exemples.

Catherine TOURNIER
57, rue Anatole France
92700 LEVALLOIS
tél. ....

Monsieur Alain DERVAUX
SOPEDI
15, rue de l'Arche
92220 BAGNEUX

Levallois, le 8 novembre 20..

Cher Monsieur,

Vous m'avez encouragée à poser ma candidature aux Editions de la Seine, société en pleine évolution, dont le dynamisme et l'efficacité sont reconnus de tous leurs partenaires, de leurs clients... et de leurs concurrents !

Je tenais à vous remercier pour ce précieux conseil, et à vous informer que j'ai, ce jour même, envoyé mon dossier à Madame LEBON.

Je ne manquerai pas de vous tenir informé des suites de ce contact, et vous prie d'accepter mes meilleures salutations.

Signature

Sébastien POURTEAU
4, rue Grande
60500 CHANTILLY
tél. ....

Monsieur LAMARE
«La Véranda»
12, rue Lamennais
75008 PARIS

Chantilly, le 22 décembre 20..

Monsieur le Directeur,

L'entretien que vous avez bien voulu m'accorder le 10 décembre m'a permis de revoir la conception de mon CV, dont je vous adresse ci-joint un nouveau tirage. D'autre part, comme vous me l'avez conseillé, j'ai pris contact avec Monsieur Servier de l'Aigle Noir à Pontoise, qui doit me recevoir la semaine prochaine.

Je tenais, dès à présent, à vous remercier pour les conseils précieux que vous m'avez donnés. Soyez assuré que je vous tiendrai au courant de l'issue de cet entretien.

Dans cette attente, je vous prie d'accepter, Monsieur le Directeur, l'expression de mes salutations distinguées.

Signature

À SAVOIR

Commentaires

Ce jeune homme, maître d'hôtel, a envoyé lettre et CV à un restaurant prestigieux. Il a eu la chance d'être reçu par le directeur de l'établissement qui lui a suggéré de corriger son CV, présenté de façon maladroite, et de contacter de sa part un de ses amis, restaurateur. Cette aide valait bien une lettre de remerciements. Comme pour la lettre précédente, la construction est simple : un paragraphe pour rappeler la nature de l'aide apportée, un second paragraphe pour évoquer la démarche entreprise.

À SAVOIR

Commentaires

Le message est rapide et courtois.

Remarquez que si vous utilisez une carte de correspondance imprimée, vous avez le choix entre deux styles de rédaction :

- la forme la plus protocolaire : rédiger le texte à la troisième personne, sans indiquer la date, et sans signer ;
- une variante un peu plus familière : rayer le nom imprimé d'un léger trait de stylo, rédiger le texte à la première personne, dater et signer.

La carte-lettre

Quelques mots sur une carte de correspondance imprimée à vos nom et adresse peuvent également convenir. Plus simple et plus rapide qu'une lettre, plus vite écrite et plus vite lue, cette forme de remerciements est appréc ée. Mais notez qu' il est plus élégant d'écrire ce genre de correspondance sur une carte imprimée que sur une carte vierge.

Jean-Jacques FERMIER

vous adresse ses sincères remerciements pour l'aide précieuse que vous lui avez apportée. Il vous tiendra informé de l'issue des contacts qu'il a pris sur votre conseil et vous présente ses meilleures salutations.

8, rue des Pichois
74000 ANNECY

tél. ....
fax ....

Cher Monsieur

~~BLANDINE~~ RENOIR

Soyez remercié pour vos conseils que j'ai immédiatement mis en pratique.

J'ai été reçue par Madame COHEN qui a été intéressée par ma candidature. Je prendrai mes fonctions le 5 janvier 20...

En vous renouvelant toute ma gratitude, je vous adresse mon meilleur souvenir.

Le 15 décembre 20..
Signature

10 rue des Saintes-Maries
13100 Aix-en-Provence

tél. ....

Votre carnet d'adresses

A comme ANNUAIRES

Pour obtenir des informations sur les entreprises :

- Dun et Bradstreet
345, avenue Georges-Clemenceau
92000 Nanterre
tél. 01 41 35 17 00.
- Kompass
66, quai du Maréchal-Joffre
92415 COURBEVOIE
tél. 01 41 16 51 00- 36.17 KOMPASS
annuaires internationaux (62 pays), nationaux et régionaux, par secteur d'activités à se procurer ou à consulter (ANPE, APEC...).

C comme CABINETS DE RECRUTEMENT

Pour connaître la liste des cabinets spécialisés :

- Syndicat du conseil en recrutement Syntec
3, rue Léon-Bonnat 75116 PARIS
tél. 01 44 30 49 90
www syntec-recrutement.org
- Guide des conseils en recrutement
CERCOMM 1bis, rue Morère 75014 PARIS
tél. 01 45 45 45 32
annuel.
- Site de l'annuaire des professionnels du recrutement (APR)
www netpage.tm.fr/emploi
- Annuaire du recrutement
GO EDITIONS

D comme dépôt de candidature

Pour déposer votre candidature sur un site Internet qui sélectionne pour vous des petites annonces :

- www careermosaïc.com
- www careercentral.com

D comme documentaliste

Pour faire appel à un documentaliste spécialisé :

- www.fla-consultant.fr
- www.cybion.fr

F comme FORUMS EMPLOI

Pour les dates et les lieux, à Paris, en province, en Europe :

- 36 15 JDEMPLOI

G comme GRAPHOLOGIE

Pour obtenir l'adresse d'un graphologue :

- Groupement des Graphologues-conseils
43, rue Godot-de-Mauroy
75009 PARIS
tél. 01 42 65 28 28.

I comme INFORMATIONS SUR LES ENTREPRISES

Pour les obtenir, interrogez ces serveurs :

- 08 36 29 07 07 EURODUN
3 900 000 entreprises françaises, et plus de 10 millions de sociétés en Europe.
- 08 36 29 10 00 COTE DESFOSSES
informations économiques et financières sur les entreprises.
- 36 14 INFOGREFFE
informations juridiques et économiques sur les entreprises.
- 36 17 EURIDILE
informations juridiques et économiques sur les entreprises.
- 36 17 SCRLPLUS.
- 36 17VERIF
informations juridiques et économiques sur les 50 000 premières entreprises françaises classées par secteur d'activité, par département et par région.

• 36 11 CYBER CAFE + nom de votre ville
adresses des cyber cafés où vous pouvez vous connecter sur Internet.

L comme LIEUX D'INFORMATION

Pour aller chercher sur place des renseignements sur les métiers, les entreprises, ou demander de l'aide pour la rédaction de son dossier de candidature :

• l'ANPE (Agence Nationale pour l'Emploi)
- 36 14 ANPE- www.anpe.fr
pour consulter des offres d'emploi, suivre des stages, consulter annuaires, presse et documentations.

• l'APEC (Agence pour l'Emploi des Cadres) - Paris/92/93/94
51, bd Brune 75689 PARIS Cedex 14
tél. 01 40 52 20 00- 36 15 APEC
(adresses en province)
pour toutes questions sur la recherche d'emploi des cadres.

• Assemblée permanente des Chambres des Métiers
1, avenue Marceau 75008 PARIS
tél. 01 44 43 10 00
liste des chambres des métiers en province.

• Association des Chambres françaises de Commerce et d'Industrie
45, avenue d'Iéna 75016 PARIS
tél. 01 47 20 37 32
liste des chambres de commerce en province.

• la BPI (Bibliothèque publique d'informations)
Centre Georges-Pompidou
19, rue Beaubourg - 75191 PARIS Cedex 04
tél. : 01 44 78 12 33- 36 15 LIBE - BPI
pour consulter les annuaires (Kompass et Dun et Bradsreet), des documents sur les métiers, les entreprises, consulter des revues professionnelles, interroger des banques de données.

• Bourse de Commerce
2, rue de Viarmes 75001 PARIS
tél. 01 55 65 55 65
pour consulter des répertoires d'entreprises françaises et étrangères.

• Chambre de Commerce et d'Industrie de Paris
27, avenue de Friedland 75382 PARIS Cedex 08
pour consulter annuaires et fichiers.

• le CIDJ (Centre d'Information et de Documentation pour la Jeunesse)
101, quai Branly 75740 PARIS cedex 15
tél. 01 44 49 12 00
pour consulter des ouvrages sur les métiers.

• le CNIDDF (Centre National d'Information et de Documentation des Femmes et des Familles)
7, rue du Jura 75013 PARIS
tél. 01 42 17 12 34
et 45 centres en France
entretiens individuels pour bilans, bureaux d'accompagnement vers l'emploi, proposition de formation, réinsertion... .

• le MEDEF
31, avenue Pierre-1er-de-Serbie
75016 PARIS
tél. 01 40 69 44 44
publie un annuaire des syndicats et fédérations professionnels
(consultation gratuite à la bibliothèque).

• la Cité des métiers - Cité des Sciences et de l'Industrie
La Villette - 75019 PARIS
tél. 01 40 05 85 85 - 36 15 VILLETTE
pour consulter offres d'emploi, annuaires, revues, s'informer sur le bilan de compétences, rédiger et saisir son CV, suivre des sessions d'aide à la recherche d'emploi.

• l'INSEE
18, bd Adolphe-Pinard 75014 PARIS
tél. 01 41 17 50 50- 36 17 INSEE - 36 17 SIRENE
- Internet http ://www. insee. fr.
pour consulter fichiers et bases de données sur les entreprises et les secteurs d'activité.

• l'ONISEP
168, bd du Montparnasse 75014 PARIS
tél. 01 43 35 15 98- 36.15 ONISEP
informations sur les métiers et les fonctions.

• World Trade Center
Palais des Congrès 2, place de la Porte-Maillot
75017 PARIS
tél. 01 40 68 14 25
pour s'informer sur l'évolution des secteurs d'activité en France et à l'étranger.

O comme OFFRES D'EMPLOI

Pour consulter des offres d'emploi :

• Minitel

cette liste peut être sujette à des modifications.
Pour connaître la totalité des services offre d'emploi, consultez : 36 15 MGS

Services multicritères :

- 36 15 AZEMPLOI - 36 15 ACCUEILJOB
- 36 15 DEMAIN - 36 15 ABCJOB
- 36 15 ACTIFJOB - 36 15 UFCTEL
- 36 15 CADREMPLOI - 36 15 VOTRE EMPLOI
- 36 16 CADREONLINE - 3617 RECRUT

Emplois à l'étranger :

- 36 15 JOBPLANET - 36 15 JOBWORLD

Annonces des quotidiens de province :

- 36 17 PLEINEMPLOI

Services par secteur d'activité :

- 36 15 APECITA et 36 15 AGRIEMPLOI (agriculture)
- 36 17 AUTOEMPLOI (automobile)
- 36 17 ANNONSANTE (pharmacie)

• Internet

Voici quelques sites à consulter. Chaque semaine il s'en crée de nouveaux ; utilisez votre moteur de recherche pour compléter la liste.

- abjob - accès emploi
- annonces et carrières - afij
- blue-search - carrières et professions
- compétences pour l'emploi - contact emploi
- convergence - curriculum-on-line
- cyber emploi - cybersearch
- dynarel - email job
- embauche.com - emploi center
- emploi.com - emploi.org
- emplois job - e-power emploi
- forum entreprises - initiatives emploi
- job sésame - jobhorizon.com
- jobline - jobpilot
- jobstage - jobstoday
- jobtel - jobware
- libre-annonce - libremploi
- michael page - mission d'indépendants
- monster.fr - parjob
- planet career - planet emploi
- recrunet - recrut
- réseau de l'emploi - RTL emploi
- search & sélection - stepstone
- telejob - telemail
- go.tm.fr - 1000emplois.com

P comme PRESSE

Pour connaître les revues professionnelles de votre secteur d'activité :

• Argus de la Presse : Minitel 08 36 28 00 59.

P comme PRESSE

Pour obtenir des informations sur les entreprises :

• le Nouvel Économiste
10, rue du Faubourg-Montmartre 75009 PARIS
tél. 01 55 33 30 00
publie chaque année fin décembre un carnet sur les entreprises françaises.

• l'Expansion
14, bd Poissonnière 75009 PARIS
tél. 01 53 24 40 40 - 36 15 L'Expansion.

• les Échos
40, rue La Boétie 75008 PARIS
tél. 01 49 53 65 65 - 36 15 Les Echos
publie un n° hors série sur les 500 premiers groupes français accessibles par Minitel.

• l'Étudiant
27, rue du Chemin-Vert 75011 PARIS
tél. 01 48 07 41 41 - 36 15 L'Etudiant
publie chaque année en mars le guide des entreprises qui recrutent.

S comme SALONS SPÉCIALISÉS

Pour obtenir la liste des salons nationaux et internationaux :

• 36 15 EXPONEWS
• 36 16 SALONS
• 36 17 LAGENDA
• le Comité des Expositions de Paris
55, quai Alphonse Le Gallo
92107 BOULOGNE
tél. 01 49 09 60 00
www comexpo-paris.com

NDLR : le tarif des banques de données sur Minitel varie de 0,35 e/minute à 1,41 €/minute selon les services. Le prix est affiché sur écran au début de chaque connexion. Soyez-y attentif.

Table des matières

Également disponible aux éditions Marabout :

La forme au masculin

de C. Rahman et M. Schwarz

Édition : Isabelle de Jaham

Mise en page : Maogani

Correction : Jean-Pierre Leblan

Achevé d'imprimé en France par Mame
Dépôt légal Mars 2010
ISBN : 978-2-501-06592-4 - Édition 01
4067658